독자리뷰

'행운의 편지' 보다 더 강력한 '터치' 바이러스!

다음 서평은 출간 전 『터치』를 먼저 읽어본 독자들로부터 받은 것입니다. 독자들이 『터치』를 읽은 느낌을 사실적으로 전달하기 위해 가능한 원문을 그대로 실었습니다. 이 자리를 빌어서 원고를 먼저 읽고 서평을 작성해주는 수고를 아끼지 않은 분들에게 감사의 말을 전합니다.

자기계발서의 탈을 쓰고 "이거해라, 저거해라"라는 말 정말 듣기 싫습니다. 아니, 아예 귀를 막아버리죠. 마치 이렇게 하지 않으면 실패할 거라는 갖은 강요와 압박들과 뭐가 다릅니까? 그런데 『터치』는 좀 다른 것 같습니다. 성공한 사람들의 이야기지만, 지금 저의 모습과 똑같은 사람들이 깨달았던 바를 담백하게 그려내고 있습니다. 『터치』는 미처 깨닫지 못했던 삶의 의지와 용기를 불러내주는 부드러운 어루만짐 같습니다.
changxx

남보란 듯이 잘 살고 싶은데, 몸은 안 따르는 모순된 삶에 전달하는 소금 같은 이야기
noorux

백만 번 쯤 좌절해보지 않은 사람은 이 책을 읽을 자격이 없다.   seonax105

성공의 심장 박동수가 200% 충전되었습니다.　　　　　　maxx97

『터치』, 내 삶을 반전시키는 이야기　　　　　　　　　youngx

아이스크림처럼 내 삶에 달콤한 영양분을 제공합니다.　　09sunx

어제보다 1% 나아질 것 같은 느낌입니다.　　　　　　　chul03x

새로운 오늘을 만나는 31가지 방법, 팍~ 꽂혔습니다.　　junyx

31살 백수입니다. 30대의 실천 계획으로 삼아야겠습니다.　xrriy

살아가는 동안 한 번쯤 목차대로 시도해봐야겠다는 다짐을 낳게 하는 책!
　　　　　　　　　　　　　　　　　　　　　　　　lovex0329

상식과 정도, 느림의 미학을 숭배하는 사람들에게 시원한 터치 한방을!　choix

"나는 왜 항상 이 정도지?" 라는 자기 압박의 굴레에서 벗어날 수 있게 해준 책!
　　　　　　　　　　　　　　　　　　　　　　　　xangsun

어쩌면 믿기 힘든 이야기, 그러나 가장 힘이 되는 이야기　21seouxx

내가 나에게 '자격'을 허용하다.   heajux

꿈의 크기에 제 자신을 맞춰 봅니다.   julixx

갑자기, 내 가치가 10%쯤 올라간 것 같아요.   dongsux

오늘 나의 행복 온도는 1도 올라갔습니다.   junsunx

지금 나와 처지가 비슷했던 사람들의 역전 한방   xungwoox

신은 사람을 창조했을 때 지금보다 항상 나아질 수 있다는 희망까지 불어넣었다는 말이 있습니다. 지금보다 업그레이드된 나를 만나는 소중한 조언들이 가득합니다.
                                                                     hyunjix

남들이 강요하지 않는 나만의 성공 방식에 관한 정답이 가득하다.   heayounx

이야기가 풍성해 부담 없이 재밌게 읽을 수 있었습니다. 인생을 역전시킨 촌철살인이 지금도 귓가에 아른아른합니다.   namx

"과연 저 사람도?" 대중에게 성공한 사람으로만 알려져 있던 위인들 역시 우리가 미처 알지 못했던 고난과 역경이 있었다니…. 힘이 불끈 솟아오른다.   rakahx

어디서 많이 들어봤던 이야기들이 아니라서 신선하고 좋았습니다.   kohrix

나를 비롯해서 많은 사람들이 "세상은 공평하지 않아, 나에겐 기회가 없어."라고 한탄을 한다. 『터치』는 그런 얘기들이 변명임에 지나지 않는다는 사실을 깨닫게 해 준다.   eunox

성공 유전자의 정신을 번쩍 뜨이게 하는 이야기   munmix

나를 움직이게 하는 모멘트   chojakyunx

99% 성공 인자를 갖춘 당신이 모르는 1%   yunsox

하루에 한 가지씩 한 달 동안 맛보는 맛있는 성공 이야기   newxx

요즘 힘들어하는 남편에게 추천하고 싶은 책   hmkimxx

공부하는 아이들에게 가장 좋은 선물이 될 것 같아요!   jojoxx

새해 선물은 『터치』로 정했습니다.   hylimxx

매일매일 가슴 뛰는 삶 터치

'베스킨라빈스31'의 31은 한 달을 뜻합니다.
매일매일 새로운 맛을 보라는 뜻이라고 합니다.
이 책에 나오는 '터치'도 31입니다.
새로운 출발을 꿈꾸는 당신에게
매일매일 가슴 뛰는 일들이 일어나기를 바랍니다.
당신만의 방식으로 31의 터치를 만들어,
또 다른 누군가를 터치해보십시오.
놀라운 일들이 일어날 겁니다!

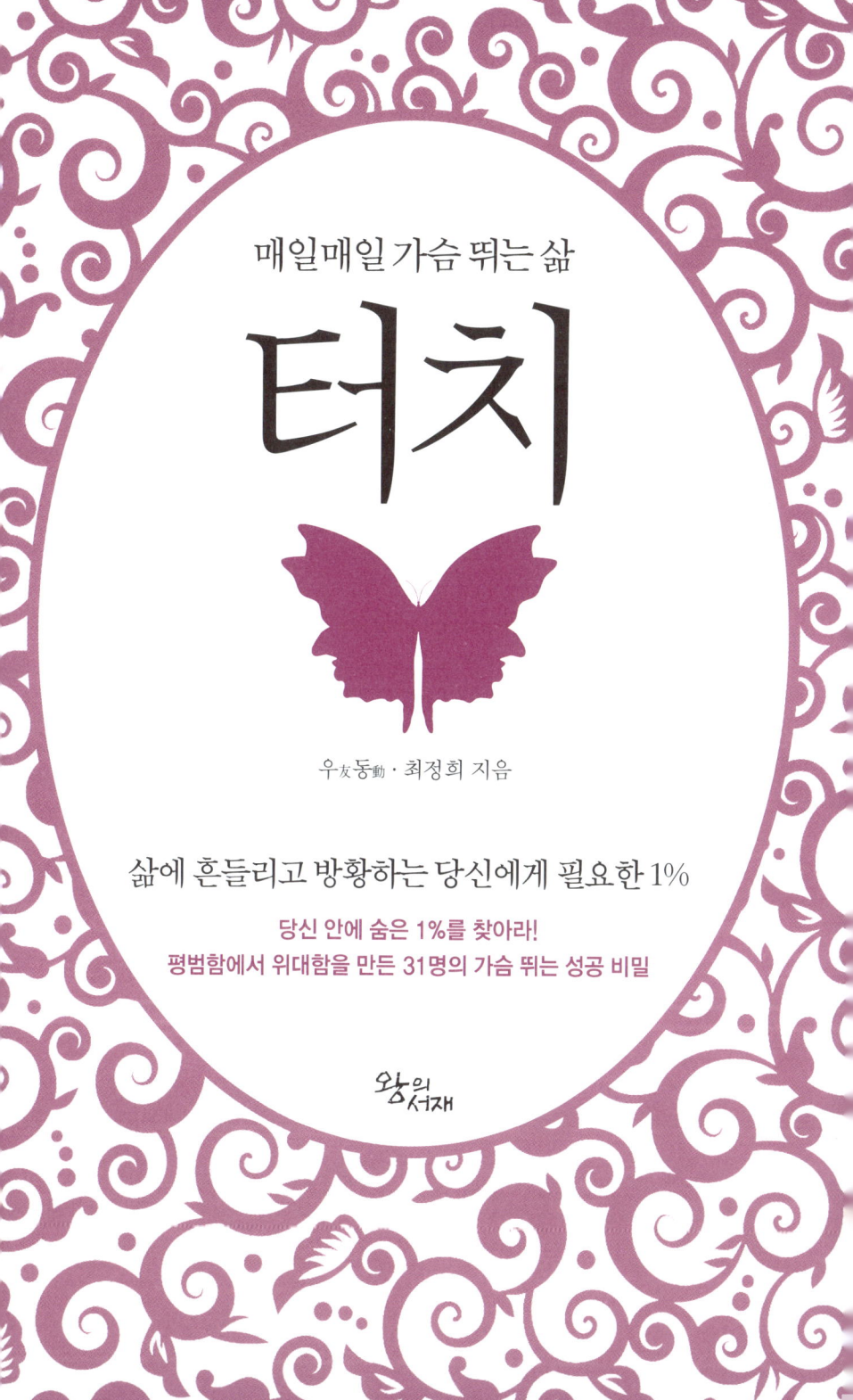

프롤로그

'터치'! 지금 당신에게 필요한 성공의 손길

귀가 솔깃해지는 얘기들이 있다. 부러움과 더불어 오기란 것을 발동시키는 주제가 있다. 지금 당신이 한심하거나 주눅 든 삶을 살고 있다면, 묵직하게 다가오는 얘기란 바로 이런 것이다.

"참, 사는 게 공평하지 않아. 나와 다를 바 없던 사람들이 한 방에 뜨는 걸 보면 말야. 그 사람이 그렇게 뜰 줄 누가 알았겠어. 그 사람과 우리가 도대체 다른 게 뭘까. 누구는 다람쥐 쳇바퀴 돌며 살고, 누구는 벌써 성공 리스트에 이름을 올리고 말야."

그렇게 누군가는 반복되는 일상에 지쳐 의욕 상실인데,

다른 누군가는 에너지가 넘치며 성공이란 단어를 품에 안는다. 그러니까 '도대체'다. 도대체 누구는 되고, 나는 안 되는 이유가 정해져 있단 말인가!

누군가의 성공에 박수를 쳐주면서도, 한편으로 불안감이 좁혀 온다. 마음이 답답해진다. 세월은 기다려주지 않고 가는데, 시쳇말로 '이 모양, 이 꼴'이면 더 나이 들어 어떻게 하느냐는 불안감. 그 불안을 해결할 수 있는 방법을 찾아보고자 했다.

'성공 유전자'를 갖고 태어난 사람이 있다면, 하늘을 원망해야 한다. "하늘이시여, 왜 인간을 공평하게 만들지 않으셨나요?"라고.

단언컨대, 타고난 '성공 유전자'란 것은 없다. 각자 재능을 갖고 태어나지만, 그걸 발하느냐, 못하느냐의 차이가 있을 뿐, 성공할 수밖에 없는 유전자란 게 있을 리 없다.

이 책은 그 믿음에서 출발했다. 이미 성공한 누군가의 재능이 있다면, 아직 성공하지 못한 당신에게는 발하지 못한 재능이 있다. 그 재능을 어떻게 발하게 만들 것인가를 찾고자 했다.

오늘도 사람들은 고민하고, 방황하며 주눅이 든다. 가슴 뛰는 일이 무엇인지, 나만의 성공 키워드는 무엇인지, 돈을 벌 수 있는 방법은 무엇인지, 희미하고 아득하다. 그런 당신에게 줄 수 있는 희망의 메시지는 무엇일까.

"이미 성공한 사람들은 특별해서 성공한 게 아니다. 성공이라는 이름이 그들을 특별하게 만들었다. 그 성공의 뒤에는 우리가 훔쳐야할 성공의 힌트들이 있다. 그것을 흡수하면 된다. 누군가 성공했다면, 당신도 분명 성공할 수 있다. 그래서 삶은 공평하다."

이 책의 큰 줄기는 '터치 TOUCH'다. 터치는 어루만진다는 것. 스킨십보다는 덜 자극적이면서 정감과 희망이 있다. 어머니가 눈에서 멀어지는 자식을 끝까지 배웅하는 모습이, 할머니가 '약손'이라며 배 아프다는 손주의 배를 살살 어루만지는 손길이, 모두 터치의 범주에 든다.

여기서 말하는 터치는 그 같은 감성을 담고 있다. 당신은 이미 성공하기 위한 99%의 요소를 갖추고 있다. 나머지 1%를 몰라서 불안하고 고민한다. 성공을 위한 많은 것이 채워져 있음에도, 나머지 조그만 부분을 채우지 못해 여전히 방황하는 당신에게 필요한 것은 1%의 어루만짐, 바로 터치다. '나를 따르시오'라는 거창한 성공 키워드가 아니다. 누군가 방황하는 당신에게 절실한 1%를 따뜻한 손길로 어루만져줄 수 있다면, 또 성공의 힌트로 이끌 수 있다면, 당신도 성공이라는 이름에 훌쩍 다가갈 수 있다. 당신에게 필요한 딱 1%의 '터치'를 발견하길 바란다.

당신은 이미 많은 누군가에게 지금의 답답한 마음을 토로하며 '터치'를 기대했을 것이다. 그런데 아쉽게도, 당신이 원하는 성공의 '터치'는 드물었다. 하루의 지친 일과를 달래려 계획한 술자리에서는 같은 고민과 방황의 얘기가 오갈 뿐, 그래서 "저 사람도 나와 똑같네"라는 동병상련을 느낄 뿐, 가뭄의 해갈을 얻은 적은 없다.

그렇다면 누구에게 '터치'를 받을 것인가. '터치'는 성공해 본 사람한테 받아야 한다. 성공의 다른 말은 시행착오다. 많은 시행착오를 거쳐 온 누군가는 이제는 현명하게도 시행착오를 줄이는 법을 말한다. 성공의 지름길을 알려주고 있다.

우리는 그 이름으로도 알만한 많은 이들의 성공학과 마주했다. 대부분 그들은 당신과 똑같은 시절을 보냈다. 한 치

어긋남이 없이 또박또박 성공의 길을 걸었으리라 생각했던 이들 역시 당신과 똑같은 고민과 방황을 했다.

시드니 셀던은 약국 점원 아르바이트를 하던 젊은 시절, '그렇고 그런 삶을 살겠구나'란 생각에 자살 결심을 했다. 자살을 떠올린 것은 그의 문학적 감수성이 영향을 미쳤겠지만, 문학의 대가 역시 젊은 시절엔 미치도록 '죽을 맛'이었다.

성공학의 대가하면 떠오르는 데일 카네기 역시 마찬가지다. 그의 삶은 어땠을까. 태어날 때부터 '성공 유전자'를 갖고 태어났고, 성공의 길을 줄곧 내달렸기에 전 세계적으로 감탄하는 성공 키워드를 쏟아낸 것일까. 전혀 그렇지가 않다. 카네기는 허름한 셋방에서 진드기와 함께 살았던 20대 초반을 '누구보다 불행했던 청년'이라고 고백한다. 오죽했으면, '어떻게 하면 고민에서 탈출할 수 있느냐.'는 주제의 글까지 담았겠는가.

지금 당신의 처지와 같았던 성공한 이들의 젊은 시절을 만났다. 그들이 특별한 '성공 유전자'를 갖고 태어나지 않았다는 점은 위로를 건네지만, 당신과 똑같이 불안한 환경에서 성공이라는 반전을 만들었다는 점은 새겨들어야 한다. 당신과 똑같은 시절을 보냈지만 반전을 만든 힌트가 여기 담겼다.

이 책의 내용들은 당신과 똑같은 고민을 했던 성공한 이들이 감춰뒀던 시절의 이야기다. 그들 역시 똑같은 고민과 방황을 했다는 것은 재미난 일이지만, 당신과 달리 성공했다는 점은 놀라운 일이다.

여전히 머뭇거리는 당신을 움직이게 만드는, 또 당신을 '터치'하기 위해 쓰여진 이 책을 읽는 방법은 두 가지다. 먼저 성공한 이들이 말하는 인생 어느 한 구석, 고민과 방황의 시절과 마주하거든, "나와 똑같은 시절을 보냈구나"라며 공감하면 된다. 과거의 힘들었던 시절을 토로하는 그들의 등을 토닥토닥 두드려주길 바란다. 그들을 어루만지는 것은 곧 지친 당신을 위로하는 방법이다.

두 번째는 그들이 말하는 '반전의 기술'을 탐하라는 것이다. 그들이 했다면, 당신도 못 할 게 없다. 그들이 만들어낸 '반전의 기술'을 흡수하고, 한 발 더 나가 '나만의 방식'을 만들어야 한다. 그들이 만들어낸 반전의 삶을 공감해주고, 당신이 만들어낼 성공을 응원하면 된다. 당신을 응원하고 배탈을 멎게 만들 수 있는 힘은 바로 '터치'이기 때문이다.

 **차례**

프롤로그   '터치'! 지금 당신에게 필요한 성공의 손길   004

Part 1 꿈의 책장을 덮었나요?

touch01 꿈의 책장을 덮었나요? 016
touch02 날마다 꿈과 만나라 022
touch03 꿈을 현실로 만드는 기술 028
touch04 당신의 아침은 어떤가요? 034
touch05 매일 배달되는 기적 한 통 040
1%의터치 "움직이기 시작하는 순간의 마찰력을 이용하라"
　　　　 _작가 김진규 046

Part2 나만의 드라마를 만들어라

touch06 가끔은 뽕 가는 선택을 하라 056

touch07 나만의 드라마를 만들어라 062

touch08 직선항로를 달려라 068

touch09 영리한 사기꾼(?)이 되라 074

touch10 가슴과 직감 그리고 용기 080

touch11 가슴이 시키는 명령 086

1%의 터치 "단 하루도 평범한 삶을 살지 말라"
_네이미스트 정이찬 094

Part3 삶의 트릭에 결투를 신청하라

touch12 열정을 부르는 단순함 104

touch13 오늘과 다른 내일 110

touch14 My Start up life 114

touch15 삶의 트릭에 결투를 신청하라 118

touch16 정글에서 살아남는 법 124

touch17 양떼는 앞만 보고 달린다 130

1%의터치 "상대에게 지는 것보다 나와의 싸움에서 지는 게 더 두렵다"_K-1 파이터 김민수 136

Part 4 인생을 바꾸는 주문 '스탑 로스'

touch18 아파치 인디언의 가르침 146

touch19 20%만 남기고 모두 버려라 150

touch20 꿈을 키우는 좋은 습관 156

touch21 인생을 바꾸는 주문 '스탑 로스' 162

touch22 생각도 일탈이 필요하다 168

1%의터치 "단 하나라도, 나만의 신선함을 창조하라"
_최연소 여자 프로 마술사 노병욱 172

Part 5 생각의 채널을 돌려라

touch 23   5년 후 되고 싶은 모습 상상하기 **182**

touch 24   스몰 윈 효과의 힘 **186**

touch 25   세상을 바꾸는 초짜정신 **190**

touch 26   생각의 채널을 돌려라 **194**

touch 27   특별함을 명명하라 **200**

touch 28   좋은 것은 가장 먼저 온다 **206**

1%의 터치 "지금 삶에 '최초의 어떤 것'을 더해라"
        _국립무용단 수석무용수 우재현 **212**

에필로그 터치이스트들의 일기장을 들추고 나서 **220**
매일매일 가슴 뛰는 삶을 위한 터치 31 **224**

꿈의 책장을 덮었나요?

Part 1

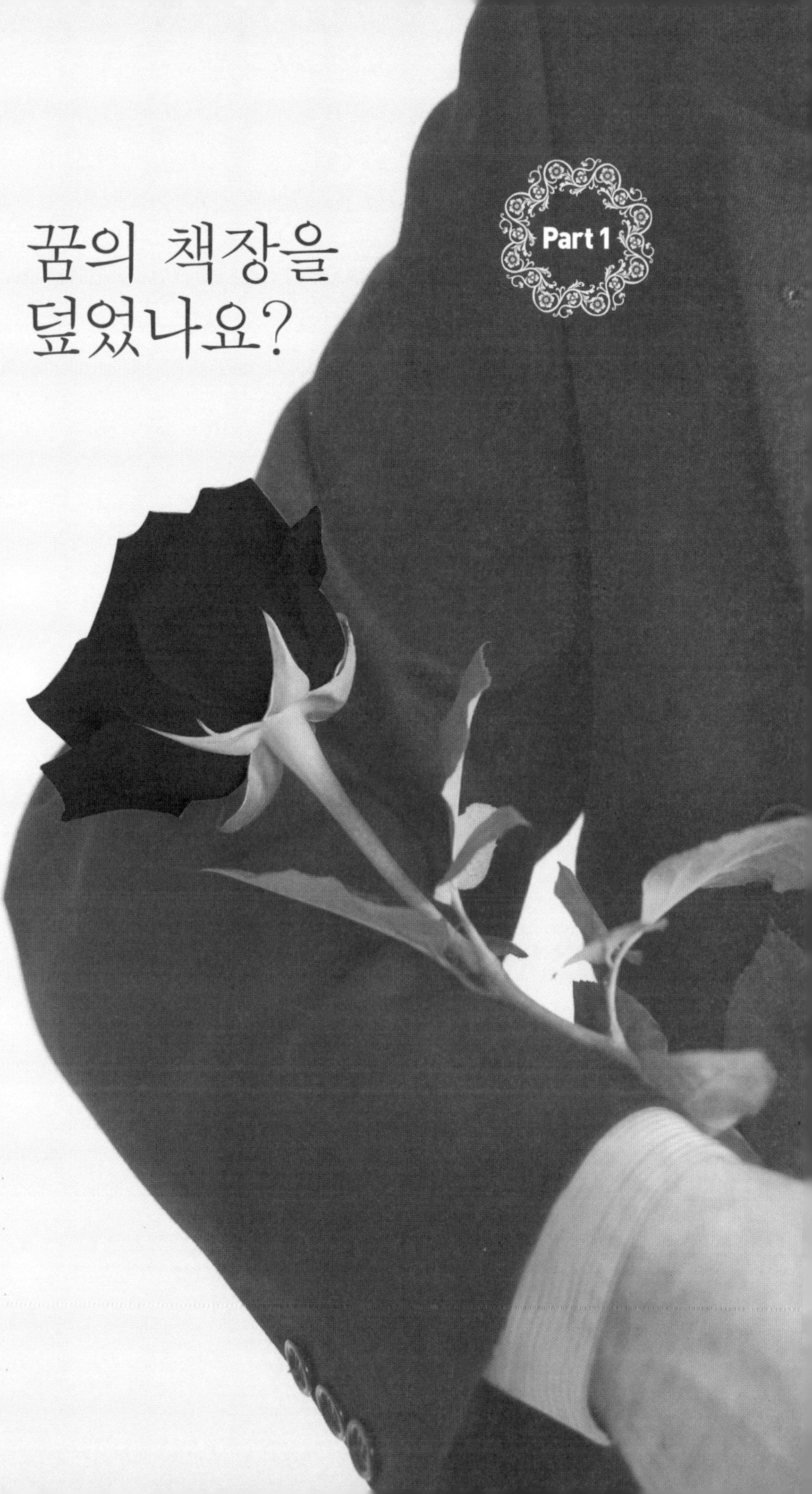

touch
01 ::

꿈의 책장을 덮었나요?

"**우울한** 일요일, 내가 흘려보낸 그림자들과 함께, 내 마음과 나는 이제 모든 것을 끝내려 하네."

세계적인 작가 시드니 셀던의 17살 당시 유행했던 노래다. 그 시절 시드니 셀던은 어떤 소년이었을까. 글쓰기에 천부적인 재능을 발휘하고, 집안의 전폭적인 지지를 받는 전도유망한 시절을 보냈을까.

아니다. 당시 시드니 셀던은 약국 배달부로 배고픈 아르바이트를 했다. 늘 생계에 신경써야 했고, 마음에 드는 글한 줄 쓰지 못했다. 뜻밖에도, 그 시절 시드니 셀던은 죽을 결심을 했다.

시드니 셀던의 자살 계획은 무모했다. 약국에서 수면제를 훔쳤고, 어디선가 위스키와 수면제의 결합이 치명적이라는 얘기를 듣고 그 두 가지를 섞기로 했다. 자서전에서 시드니 셀던은 당시를 "내 인생에서 잘못된 모든 것을 닫아 버려야 할 시간이었다."고 고백했다.

시드니 셀던처럼 잘 나가는 작가도 어느 순간 자살을 생각할 정도로 고민했던 시절이 있었다. 당신이 안고 있는 고민이 당신 것만은 아니며, 당신이 바라는 성공은 치열한 고민 뒤에 오는 것이라는 점을 시드니 셀던은 말해주고 있다.

"당시 나는 절망의 끝에 다다라 있었다. 더 이상 내가 살아갈 이유가 없는 듯 했다. 혼란스러웠고, 당황스러웠다. 그때의 나는 뭔가를 필사적으로 열망하고 있었는데, 답은 보이지 않았다."

젊은 시드니 셀던은 로맨틱하지도 그렇다고 자신감이 넘치지도 못했다. 죽을 결심을 할 만큼 현실이 부당하다고 생각했으며, 내면에는 깊은 문학적 감수성이 버티고 있었다. 바람이 거세게 불던 어느 날, 시드니 셀던은 하늘을 올려다보며 이렇게 말했다.

"신이 정말로 존재한다면 그 모습을 보여주세요."

시드니 셸던의 계획이 수포로 돌아간 건 그의 아버지에게 발각됐기 때문이다. 시드니 셸던의 아버지는 세일즈맨이었다. 자살을 하려는 아들과 이를 막으려는 아버지의 대화가 너무나 흥미롭다.

"갑자기 그런 결심은 왜 한 거니?"

긴 침묵을 깨고 아버지가 물었다. 아버지의 질문을 받은 시드니 셸던의 머리는 복잡했다.

"어디서부터 시작해야 할까? 내가 얼마나 외롭고 답답한지 어떻게 설명할 수 있을까? 나는 무언가를 필사적으로 갈망하고 있었다. 밝은 미래를 원했지만 그런 것 따윈 없었다. 늘 부푼 희망을 안고 살아가지만 아무리 발버둥 쳐도 약국 배달부 신세를 면할 수 없었다.

나는 대학에 진학하고 싶었다. 하지만 그럴만한 형편이 아니었다. 작가가 되고 싶었다. 그러나 수십 편의 단편을 써서 잡지사에 보냈지만 돌아오는 것은 깔끔하게 프린트된 거절 통지문이었다."

아들의 어두운 생각을 읽은 듯, 아버지가 말했다.

"세상엔 가보지 못한 곳이 많아. 시드니, 넌 작가가 되고 싶다고 했잖니."

"그건 어제 얘기였어요."

"그럼 내일은?"

시드니 셸던은 어리둥절한 얼굴로 아버지를 쳐다봤다.

"내일 무슨 일이 일어날지 모르잖아. 인생이란 원래 소설 같은 게 아니겠니? 페이지를 넘기기 전에는 무슨 일이 일어날지 아무도 모르는 거란다."

아들은 아버지의 말을 곰곰이 곱씹어 봤다. 아버지의 말이 옳았다. 하루는 소설의 페이지와 같은 것이었다. 그땐 왜 몰랐을까. 우리 역시 내일 어떤 찬란한 페이지가 열릴 지도 모르는데 왜 생각을 못할까.

"정말 자살을 하고 싶다면 마음대로 해라. 하지만 아버지는 네가 너무 빨리 책을 덮어버리는 걸 보고 싶지 않구나. 네가 다음 페이지에 쏟아져 나올 숱한 즐거움을 누리지 못하고 그렇게 가버리는 걸 보고 싶지 않아. 네가 직접 써 나가야 하는 페이지라는 걸 명심해."

머릿속이 단순해지는 느낌이었다. 그는 너무 조급했고, 불안감에 사로잡혀 있었다. 시드니 셸던에게 인생의 다음 페이지가 늘 즐거움에 찬 것은 아니지만, 그는 페이지를 하나씩 정성스레 열어 나갔다. 할리우드에서 소설 요약하는 잔업을 했고, 대본을 끈덕지게 써 나갔다. 대본은 수시로 퇴짜를 맞았지만, 그는 페이지를 하나씩 채워갔다. 노력은 열매를 맺었다. 유명 시나리오 작가로 어느 순간 이름을 알렸고, 53살의 나이에 첫 소설을 냈다. 기억할 것은 처음부터 그가 대단한 작품을 쓸 만큼 역량이 뛰어났던 게 아니라는 점이다. 그는 뚜벅뚜벅 대본과 소설의 다음 페이지를 써 내려갔다. 그런 흔들리지 않는 과정이 있었기에 지금 그는 대단한 소설가로 기억된다.

시드니 셀던은 2007년 1월 90세의 나이로 세상을 떠났다. 88번 째 생일에 그는 자서전을 펴냈다. 부제는 '시드니 셀던- 또 다른 나'. 누구에게나 '또 다른 나'가 있다.

시드니 셀던은 '또 다른 나'와 마주했기에 성공이 있었다고 말한다. 지금 당신이 마주하고 있는 '또 다른 나'는 어떤 모습일지 상상해 본 적이 있는가. 지금은 정말 형편없다고, 나에게 어떤 미래가 있겠느냐며 의기소침한 당신에게도 분명 '또 다른 나'가 있다. '또 다른 나'를 만나는 힌트가 있다. 매일 페이지 한 장이 넘어간다. 그 페이지 한 장을 어떤 글로 채울 것이냐고 시드니 셀던은 따뜻한 시선으로 묻고 있다.

"나는 롤러코스터 같았던 스릴 만점의 내 인생을 무척 소중하게 여기고 있어요. 흥미진진하고 멋진 여정이었어요. 그러니 일찍 책장을 덮지 마세요. 끝까지 페이지를 넘기세요. 당신은 어느 페이지에서 '또 다른 멋진 나'와 마주하게 될 겁니다."

 시드니 셀던 아버지의 말처럼 세상엔 가보지 않은 곳이 많고, 페이지를 넘기기 전에는 무슨 일이 일어날 지 아무도 모른다. 그러니 힘들다고 책장을 너무 일찍 덮지는 말자.

touch
02

날마다 꿈과 만나라

어느 날 호텔왕 힐튼의 아들이 당돌한 질문을 던졌다.

"아버지, 저는 꿈이 있고 그 꿈을 이루기 위해 고민에 빠진 친구들을 많이 알고 있습니다. 그러나 그들에게는 어떤 특별한 일이 생기지 않더군요. 어떤 다른 요소가 있어야 하는 건 아닐까요. 그런데 그것이 뭔지 모르겠어요."

호텔왕은 아들에게 어떤 대답을 들려줬을까? 다음은 자서전 『호텔왕 힐튼』에 나오는 대답이다.

"나는 한시도 나의 꿈을 잊지 않았고, 잊기를 원치 않았다. 꿈을 잃고 꿈의 미아가 됐다면, 지금의 즐거움은 없을 것이다. 큰 것을 성취하려면 누구보다 큰 꿈을 꾸어야 한다.

그걸 잊어서는 안 된다."

힐튼은 꿈꾸기를 한시도 게을리 하지 않았다. 젊은 시절 그는 책상 앞에 한 호텔 사진을 걸어두고, 그 사진에 '모든 호텔 중에서 가장 큰 호텔'이라고 적어뒀다.

힐튼이 많은 시간을 보낸 곳이 책상이므로 늘 보이는 곳에 자신의 꿈을 적어둔 것은 끊임없는 자기 암시이자 주문이었다. 그는 잠들기 전에, 또 아침에 일어나서 책상에 적어둔 자신의 꿈과 마주했다. 그 꿈을 마주하면서 일 초의 시간도 낭비하고 싶지 않았다. 그는 매일 아침 자신의 꿈을 채찍질 삼아 끊임없이 달렸고, 결국 호텔왕의 이름을 얻었다.

힐튼은 모든 성공은 항상 꿈으로부터 시작된다고 말한다. 누군가는 이렇게 딴지를 걸 수 있다. "이봐요, 나 역시 매일 꿈을 꾼다고요. 그런데 하나도 이뤄지는 게 없어요. 어떡하란 말입니까?" 힐튼은 놀라지도, 당황하지도 않는다. 자신이 꾸었던 몇몇 꿈 역시 실패를 거듭했다고 말한다. 그러나 거기 굴하지 말고, 언제나 꿈을 꾸라며 다독인다.

"나의 꿈들 중 어떤 것은 작은 것이었고 어떤 것은 큰 것이었다. 어떤 꿈은 결점이 있는 꿈이라서 즉시 사라졌고, 다른 꿈은 잘못된 것이었다. 그래도 나는 건전한 꿈들을 가지려고 노력했다. 나의 모든 성공은 꿈에 근거한 것이다."

어머니로부터 기도의 중요성을 배웠다는 힐튼은 언제나 꿈을 꾸었고, 그 꿈을 이루기 위해 기도를 했다. 그는 꿈꾸지 않는 사람은 기도를 낭비하는 사람이라고 말한다.

길을 잃지 않기 위해서, 삶의 미아가 되지 않기 위해서, 당신은 꿈꾸고 기도해야 한다. 지금 당신의 책상에는 어떤 꿈이 적혀 있는가?

꿈 하나 적어두지 못하면서 성공을 바라는 것은 힐튼의 말처럼, 기도를 낭비하는 것이다. 기도는 당신이 얼마나 절실하게 꿈꾸는 중인가를 점검하는 단어다. 꿈을 갖는다고 되는 게 아니라, 매일 그 꿈을 이루기 위한 기도를 하고 있느냐가 무엇보다 중요하다.

힐튼의 젊음이 당신의 젊음과 다를 게 없다. 그러나 그는 흔들리지 않았고, 시행착오가 드물었으며 길을 잃지 않았다.

그는 늘 꿈을 꿨다. 아침에 눈뜨면 보이는 곳에 늘 그 꿈을 적어뒀다. 작은 것이든 어떤 것이든. 그리고 또 하나 당신과 다른 차이가 있다면, 그는 절실했다는 것이다. 꿈을 이루고 싶어 안달이 났고, 목이 말랐다.

당신의 꿈을 매일 점검하고, 적어둬라. 꿈을 적어두는 자리는 당신이 매일 볼 수 있는 곳이어야 한다. 그 꿈과 마주하면서 시간을 소홀히 한 적은 없는 지, 언제나 반성할 수 있는 그런 공간이어야 한다.

꿈은 가능한 크게 꾸는 게 좋다. 그게 출발이다. 꿈을 크게 가져야 하는 이유는 뭘까. 남들이 할 수 있는 그저 그런 꿈은 충분한 동기부여가 안 된다. 나만이, 나여서 할 수 있는 큰 꿈을 가져야 당신을 분주하게 재촉할 수 있다.

호텔왕 힐튼은 "모든 성공은 꿈으로부터 시작되었고, 큰 것을 성취하려면 무엇보다 큰 꿈을 가져야 한다."는 성공 법칙을 말하고 있다.

힐튼은 사기를 북돋워주는 천재적인 응원가이기도 했다. 자신 역시 삶은 쉽지 않았다면서, 실패와 좌절 속에서도 방향을 잃지 않는 방법들이 있다고 말한다. 시행착오를 줄일 수 있는 키워드는 특별한 게 아니라며 자신에게 주어진 삶에 얕은꾀를 부릴 생각을 접고 정직하고 당당하게 접근하라고 말한다.

"재능을 찾아야 한다. 그리고 열심히 해야 한다. 성공적인 삶을 이루려면 그 밖의 많은 것을 가져야 하지만, 이 두 가지는 기본적인 것이다. 이 두 가지가 없다면 너는 시작할 수도 없다."

그런데도 힐튼의 아들은 "아버지가 말하는 성공의 힌트들을 모두 따라 해도 늘 제자리걸음이다. 성공은 어디에 있느냐."고 고민하는 사람들에게 들려줄 말은 뭐냐고 물었다.

아들의 고민은 정당했다. 많은 성공의 키워드를 들었음에도 늘 똑같은 위치에서 헛발질을 했기 때문이다.

아들이 던진 뜻밖의 질문에 고민을 거듭했던 아버지는 어떤 대답을 들려줬을까. 그 역시 성공을 위한 한 가지가 뭔지 알고 싶었다. 나중에서야, 힐튼은 그에 대한 답을 알게 됐다.

힐튼은 이 말을 성공에 굶주린 사람들에게 해주고픈 마지막 제안임을 분명히 했다. 누구나 이것만 알면 성공한다고 말하지만, 당신에게는 부족했던 한 가지가 있다.

"당신은 언제나 꿈을 꾸었어야 했어요 You had to dream!"

"누구보다 큰 꿈을!"

당신의 꿈을 매일 점검하고 적어둬라.
꿈을 적어두는 자리는 당신이
매일 볼 수 있는 곳이어야 한다.

touch
03::

꿈을 현실로 만드는 기술

미국의 복음주의자로 유명한 빌리 그레이엄 목사는 이런 질문을 자주 받는다.

"인생에 대해 목사님이 발견하신 가장 놀라운 사실은 무엇입니까?"

그 질문을 받으면 그는 주저 없이 이렇게 말한다.

"(인생은)짧다는 것!"

인생은 짧다. 그 짧은 인생 안에서 원하는 것을 이루려면 정답은 간단하다.

'치열하게 살아라.' 매일 기도하는 것은 치열하게 살고 있다는 것을 자신에게 알리는 일이다. 많은 성공한 사람들에게는 특별한 공통점이 있다. 그것은 '매일 기도하라'는 덕목을 공유하고 있다는 것이다.

성공한 이들이 매일 했다는 기도라는 것은 한편으로 서구 기독교 사회의 오랜 관행이긴 하지만, 그렇다고 모두 종교적으로 해석될 일은 아니다.

성공하려면 목표를 가지라고 주문한다. 그 목표는 어떻게 성취되는 것일까. 답은 얼마나 절실하냐에 달렸다. 삶의 열정과 규칙, 인내력을 만들어내는 건 절실함이다. 성공하고 싶다면, 가끔 생각하지 말고, 늘 되새길 필요가 있다.

매일 아침 몇 시에 눈을 뜨는가. 누군가는 동 틀 무렵에 기상한다. 그 때 일어나지 않으면 오늘 해야 할 일이 많은데, 불안하다고 말한다. 그는 성공의 계단을 일찍 일어나는 것으로 채워간다. 일찍 일어나는 규칙이 그에겐 곧 성공에 다다르는 절실한 기도로 작용한다. 당신은 남들과 다른 어떤 규칙을 갖고 있는가?

기도는 매일 자신의 꿈을 발견하고 확인하는 일이다. 그 절실함만큼 이제 무엇을 실천해야 할 것인가를 깨닫게 만든다. 기도는 꿈을 실천하는 원동력으로 자리를 잡는다.

18세기 영국의 뛰어난 설교자였던 조지 휫필드의 『조지 휫필드의 일기』를 보면 가슴을 때리는 성경 한 구절이 있다.

"겁내는 자에게 이르기를, 너는 굳세게 하라, 두려워 말라. 보라, 너희 하나님이 오사 보수하시며 보복하여 주실 것이라. 그가 오사 너희를 구하시리라 하라(중략). 뜨거운 사막이 변하여 못이 될 것이며, 메마른 땅이 변하여 원천이 될 것이며."
_사 35:4-7

꿈꾸는 일을 향해 첫 발을 내딛는다는 건 사실 겁나는 일이다. 뜨거운 사막이 변해 오아시스가 되기까지는 많은 시련이 있다. 그렇다면 그 시련에 굴복당하지 않고 어떻게 굳건해질 것인가.

종교적으로는 이 같은 일을 '시험에 들게 한다.'고 말한다. 조지 휫필드는 '내가 받은 시험에 관한 간결하고 요약적인 이야기'편에서 그가 당한 시련을 소개한다.

"당시 난 무언가를 추구하고 있었지만, 어떻게 도달할 지, 지금의 방법이 맞는 건지 알 수 없었다. 예전에 한 번 보았던 그 별이 언젠가 다시 나타날 것을 소망하면서 어둠 속을 여행했다. 두려웠지만, 난 내가 목표한 길을 계속 걸었다."는 고백이다. 당시 그의 나이는 13세였고, 근 1년 여 동안의 신앙에 이르는 길고 고통스런 시험을 마쳤다.

"버림받음과 시험의 오랜 밤이 끝나고, 전에 멀리서 보았던 그 별이 다시 나타나기 시작했다."

많은 이들이 시험을 겪는다. 평범하게, 물 흘러가는 대로 또는 운이 좋아서 성공한 이들은 없다. 그렇다면 어떻게 시험에서 흔들리지 않고 이겨낼 수 있을까.

그에 대한 해답의 힌트는 베스트셀러『아들아, 머뭇거리기에는 인생이 너무 짧다』의 실행북인『My life for Jesus』에 담겼다.

"사람은 자기에 대해 기록된 대로 가거니와".

공장의 말단 직원이던 스콧 애덤스는 "세계 최고의 만화가가 되겠다."는 기도 제목을 매일 열다섯 번씩 쓴 후 '딜버트 만화'란 이름으로 세계 최고의 만화가가 되었다.

28살의 나이에 무일푼 백수였던 풋볼 코치 루 홀츠는 아내가 사다 준『크게 생각할수록 크게 이룬다』는 책을 읽고 자신이 이루고 싶은 100가지의 목표를 적었다. 이후 그는 자신이 적은 꿈에 따라 대통령과 백악관에서 만찬을 즐기고, 교황을 알현하는 목표를 이뤘다.

『최고 경영자 예수』의 저자 로리 베리 존스는 한 세미나에서 "지금으로부터 1년 뒤 내 수입은 지금의 두 배가 될 것이다."는 목표를 큰 소리로 외친 후 자신을 채찍질하며 현실로 만들었다. 『최고 경영자 예수』는 그 경험을 바탕으로 썼다.

그는 성공의 3% 핵심 비결이 구체적인 목표 설정에 달렸다고 말하면서 '꿈을 현실로 만드는 기술'을 이렇게 요약한다.

"머릿속을 스쳐 지나간 생각은 아무런 결과를 가져다주지 않는다. 아무런 계획서를 갖지 않는 것은 실패 계획서를 작성하는 것이다. 당신은 누구인지, 지금 어디에 있는지, 어디로 가야하는지, 어떻게 그곳에 도착할 것인지, 목표점을 그리고 거기 도착한 자신의 모습을 그려보라.".

"매일 기도하라, 쉬지 않고 기도하라"는 주문. 그 주문이 성공으로 연결되는 비밀은 그 안에 숨어 있다. 베스트셀러 『시크릿』의 비밀 역시 특별한 게 아니다.

1%의 사람들이 전 세계 95%의 돈을 벌어들이는 이유가 부에 대한 생각이 마음을 지배했고, 결국 부를 끌어당겼다는 게 그 핵심이다.

간절한 믿음과 긍정적인 생각이 만났을 때 강력한 힘을 발휘한다는 시크릿의 핵심을 더 간결하게 요약하면, '매일 기도하라'가 된다.

"너는 이 묵시를 기록하여 판에 명백히 새기되 달려가면서도 읽을 수 있게 하라. 비록 더딜지라도 기다리라. (당신의 기도는) 정녕 응하리라." _하박국 2장 2~3절

touch
04::

당신의 아침은 어떤가요?

• '**아름다움을** 만드는 여자' 마사 스튜어트는 32살부터 이름을 알렸다. 그 전까지는 가정교육을 잘 받은 소녀, 명문대를 졸업한 재원, 대학 졸업 후 결혼 등 평범한 길을 걸었다. 결혼 후 증권 중개인으로 이름을 알리기도 했지만, 본업은 주부이자 엄마였다.

그러던 32살 무렵, '손수 만든 음식'이라는 작은 회사를 바탕으로 케이터링(출장연회) 사업을 시작했고, 탁월한 음식 솜씨와 환상적인 테이블 세팅이 입소문을 타면서 유명인사가 됐다.

"자신의 일을 사랑하는 것은 멋진 일이다."

늦은 나이에 자기 발견에 성공한 그녀의 메시지다. 『아름다운 성공』에는 아름다우면서, 아름다움 이면의 성공 법칙이 담겼다. 마사 스튜어트는 "좋아하는 일을 하는 건 연애와 같다."며 요리를 시작하면서 매일 아침 일어날 때마다 새로운 아이디어가 샘솟듯 떠올랐다고 말한다.

그녀는 "당신의 아침은 어떤가요?"라고 나직이 묻는다. 늦잠을 자고, 무거운 마음으로 출근하고(혹은 회사 가기가 싫어 배탈이 나고), 회사에 나가면 집중은 안 되고 머리만 아프다. 퇴근할 때는 긴 하루 동안 도대체 뭘 했는지 허탈하다. 그렇게 누군가의 하루는 허무하게 지나가고, 누군가는 연애하듯 하루를 지낸다.

마사 스튜어트의 '가슴 뛰는 하루'는 뭐든 해보고 싶다는 욕구에서 비롯됐다. 그녀는 모델 활동을 했고, 증권 중개사로 일했다. 남편과 코네티컷의 농장으로 이사한 뒤에는 부동산이 도움이 될 것 같아 부동산 중개업 자격증을 땄다.

그녀는 그동안 시도했던 모든 것들을 옹호한다. "열정을 발견하는 길은 끊임없는 실험뿐이다. 당신의 흥미를 끄는 다양한 일과 직업을 시도해보면 정말 가슴 뛰는 일을 발견하는데 도움이 된다."고 말한다.

"내 안의 사업가 정신을 발견하기 전부터 한 가지 사실을 알고 있었다. 그건 바로 내가 요리하는 것을 좋아한다는 점이었다. 부엌에서 갖가지 음식을 만드는 일이 정말 즐거웠다."

마사 스튜어트의 자기 발견을 위한 첫 번째 조언은 '늘 새로운 것을 시도하라'는 것이다.

"늘 당신이 하고 싶은 새로운 것을 시도하라. 그 어떤 새로운 경험도 언젠가는 당신이 정말 원하는 일에 도움이 될 것이다. 나는 그 사실을 약속할 수 있다".

주부에서 사업가로의 출발은 지하실에 딸린 자그마한 부엌에 차린 '손수 만든 요리'였다. 마사 스튜어트의 그 작은 출발이 시대의 아름다움을 상징하는 '워너비'로 거듭났다. 도대체 무슨 일이 있었던 것일까.

마사 스튜어트는 자신의 성공 계획에 꼼꼼하라고 충고한다. 30살 넘어 새로 시작하는 계획서는 한 가지 렌즈가 아닌, 다양한 렌즈로 관찰해야 한다.

젊은 출발은 무모해도 된다. 넘어져도 많이 버릴 게 없고, 다시 일어나는 시간도 짧다. 그러나 지금 당신에게 가족이 있거나, 물리적인 나이 30살이 넘었다면, 돌다리도 두들리고 건너야 한다. 32살에 시작된 마샤 스튜어트의 아름다운 성공은 안전장치 확보를 중시한다. 새로운 출발에는 망원경, 광각렌즈, 현미경이 필요하다. 망원경은 장기 계획을 바라보고, 광각렌즈는 실패 없는 여정을 위한 세부 계획을 들여다본다. 현미경은 진행 과정에서 부딪히는 미묘한 부분을 포착하게 만든다. 시행착오를 줄이기 위해서는 망원경, 광각렌즈, 현미경으로 다양하게 접근해야 한다. 어느 하나만 믿고 모든 것을 걸기에 모험은 불안할 수 있다. 가능한 리스크를 줄여야 한다.

마사 스튜어트는 무엇보다 중요한 게 있다면서 "재료를 철저하게 모으라"고 충고한다. 좋은 요리를 시작했다가 중요한 한 가지 재료가 빠져 중도 포기하는 일이 없도록 하라는 것이다. 당신이 만들 인생 요리를 정했다면, 그 멋진 요리에 필요한 재료들(사업 아이디어, 주변 인맥, 조언자, 필요한 자금, 돌발변수 등)을 충분히 준비하고 뛰어들라는 얘기다.

마사 스튜어트는 또 따끔하게 묻는다. "열정은 있거나, 없거나, 둘 중 하나다. 당신에겐 열정이 있는가?"

그녀는 열정이 있다면, 성공의 반은 왔다고 강조한다. 열정의 그릇엔 기꺼이 자신의 지식을 전수해줄 대가들이 가득 차 있다는 것이다.

그녀가 미국 텔레비전 요리 프로그램의 대가에게 요리를 배우고, 프랑스 고전 요리를 전수 받았듯, 당신도 열정이 있다면 수많은 멘토를 만날 수 있다. 먼저 자신이 진정 해보고 싶은 일을 검토하고 정하는 시간을 가져라. 당신에게 맞는 하나가 정해졌다면, 그 성공을 도와줄 대가들을 찾아 나서라.

그래도 성공이 어렵다고 생각하는 당신에게, 마사 스튜어트는 포기하지 않도록 용기를 북돋워준다. "한편으로 성공은 욕구불만에서 시작된다."는 것이 바로 그것이다.

그녀는 페인트 가게에 자신이 원하는 자연색을 찾기 힘들다는 불만이 생겼다. 그 결과 자신이 원하는 색은 직접 만들자는 계획을 세웠다. 희귀종 닭들의 계란, 영롱한 산호 빛이 도는 조개, 나무껍질, 여덟 마리 고양이 등에서 600여 종의 새로운 색상을 발견했고, 결국 '마사 스튜어트 페인트'로 극찬을 받았다.

마사 스튜어트가 발견한 다양한 색상은 곧 풍성한 삶의 색채다. 당신에게 불만이 있다면, 그건 답답해서 미치라는 것이 아니라, 그 불만 속에 당신만이 성공할 수 있는 기회가 있다는 사인이다. 그 불만을 어떻게 하면 해소할 수 있을 지에 집중하라.

"이 복잡한 세상에는 여전히 틈이 많아요. 아직 채워지지 않은 욕구들이 많은 거죠." 마사 스튜어트의 자기 발견을 위한 성공의 조언은 이렇게 마침표를 찍는다.

"이 복잡한 세상에서 당신이 비집고 들어갈 수 있는 기회는 언제나 있답니다."

여전히 '욕구불만' 상태인 당신에게 보내는 기막히게 아름다운 터치가 아닐까.

touch
05

매일 배달되는 기적 한 통

● '길 잃은 세대를 위하여'는 세대를 뛰어넘어 흔들리는 사람들을 걱정하는 말이다. 제1차 세계대전의 암울한 시기에도, 21세기를 살아가는 지금도, 소수만이 목적지가 분명한 길을 걷고 있다. 나머지 다수는 길을 잃은 사람들이다.

가야할 길을 충분히 알면서도, 경쾌한 하이힐의 박자처럼 또박또박 걷지 못하는 사람들도 있다. 때때로 하수구에 하이힐 굽이 끼어 낑낑대기도 한다. 그럴 대마다 "왜 나는 이렇게 재수가 없는 거야."라고 말하곤 한다.

누구나 하수구에 빠질 때가 있다. 당신만 재수가 없는 게 아니다. 암초에 부딪혔을 때 누구는 거기서 무너지고, 다른 누군가는 "그깟, 암초쯤이야"라며 제 길을 찾아 나선다. 그 차이는 어디서 비롯되는 것일까. 그 차이를 아는 것만으로도 당신의 성공은 가까울 수 있다.

여기 작은 키에 로마 병정 같은 짧은 머리 스타일, 큰 목소리와 활달한 성격을 지닌 한 여자가 있다. 1900년대 불안한 사회에서 길을 잃고 방황했던 그녀는 '외로운 싸움'을 시작했다. 그녀는 헤밍웨이, T.S.엘리엇, 피카소 등 문화예술계의 거장들의 배후에 있던 한 여자로 기억된다.

'뭔가 특별한 재주가 있었겠지'라고 짐작하는 사람들에게 그녀 역시 길 잃은 세대였다는 말을 건넨다. 『길 잃은 세대를 위하여』는 20세기 전반 서양 문학계에 남다른 카리스마를 뿜낸 극작가이자 여류 시인 거트루드 스타인의 이야기다.

그녀가 길을 잃었던 1900년대 당시(제1차 세계대전 전후)에는 많은 사람들이 꿈을 잃고 살았다. 꿈을 가진 자가 더 이상한 축에 들었을 정도였다. 방황하던 그녀는 고향인 미국을 떠나 '국외이탈자'가 됐다. 그녀 역시 도피자였던 셈이다. 그러나 그녀는 자신의 삶과 정면으로 맞서 싸운 의도적 도피자였다는 점에서 인정을 받는다.

"나는 아주 어린아이였을 때부터 역사적인 인물이 되고

싶었다." 그녀는 자신이 선택한 일, 즉 문학에 모든 것을 걸었고, 결국 그녀의 입버릇처럼 역사적인 인물이 됐다. 모든 게 우연이었을까. 아니면 운이 좋았기 때문일까.

그녀는 '역사적 인물이 되겠다.'는 큼지막한 목표만큼이나 두둑한 배짱이 있었다. 목표가 커서 배짱이 생겼다는 논리도 가능하다. 젊은 시절 그녀의 배짱을 알리는 유명한 에피소드가 하나 있다.

그녀는 한 유명 출판사에 원고를 보냈다. 출판사 직원이 "당신은 글쓰기 경험이 많아 보이지 않는다."고 지적하자 이렇게 응수했다.

"당신이 그렇게 생각하신다면 상관없다. 원고는 반드시 그렇게 써야할 의도가 있었기 때문에 그렇게 쓴 것이고, 출판사 사장이 할 일은 그 원고를 출판하는 거라고 못을 박으면 된다. 나머지는 내가 책임을 지겠다."

당신은 당신이 만든 작품에 그런 배짱을 갖고 있는가. 없다면, 당신의 꿈과 열정은 허약하다는 것을 인정할 필요가 있다.

또 그녀는 입버릇처럼 "언론은 언제나 나를 주목한다."는 말로 스스로를 다독였다. 일종의 성공을 위한 자기최면이었다. 누군가 늘 당신의 길을 주목하고 있다. 그 시선을 외면하고 시간 낭비를 하거나 엉뚱한 짓만 일삼기는 힘들다. 오로지 목표를 향해 달려가게 만드는 자극제가 있다면, 누군가 늘 당신을 바라보고, 응원하고 있다는 점을 명심해야 한다.

그녀는 하버드 대학, 래드클리프 대학, 존스홉킨스 의과대학 등 명문대를 수집하듯 다녔다. 의과대학으로 유명한 존스홉킨스 대학을 별 탈 없이, 즉 자신의 관심사를 무시하고 돈이나 지위, 명예 등 다른 이유들로 졸업했다면 그녀는 의사가 됐을 것이다. 그렇지만 그녀는 그 안정된 길과 스스로 굿바이를 했다.

그녀를 낙제 시킨 교수가 구원의 손길을 내밀었을 때 그녀는 당돌하게 이렇게 말했다.

"의학이 얼마나 따분한 것인지 교수님은 전혀 알지 못하실 거예요."

그녀는 자신이 진심으로 원하는 길은 다른 곳에 있다는 걸 알고 있었다. 그 외에는 재미없고 지루했다. 누군가 정해둔 지루한 길을 걸을 것인가, 아니면 나의 길을 걸을 것인가. 사람들은 늘 이 질문 앞에서 망설인다. 한 우물만 파기엔 여러 위험 요소가 많아 망설여진다거나, 내가 원하는 것만 쫓아가기엔 버릴 게 너무 많다고 생각하는 길 잃은 당신에게, 그녀는 이렇게 터치한다.

"삶에서 열정을 바칠 직업은 한 가지로 족해요. 나머지는 순전히 즐거움을 위한 것으로 두고 그 결과에 대해서만 생각하세요. 삶에 정면으로 맞서 싸울 때, 매일 기적은 다가옵니다."

"매일 기적은 온다."는 말은 길 잃은 당신을 위한 주문처럼 들린다. 기적은 어떻게 만드느냐고 물으면, 그녀는 누군가 당신을 응원하고 있음을 알라고, 지금은 하나에만 열정을 쏟고 나머지는 단순한 즐거움으로 남기라고 조언한다.

길 잃은 세대를 위한 그녀의 힌트는 100년 전에 이미 전달됐다. 시대와 환경이 변해도 한참 변한 지금에도 그 조언이 무겁게 다가오는 것은 신기한 일이다.

암초에 부딪혔을 때
누구는 거기서 무너지고,
다른 누군가는
"그깟, 암초쯤이야"라고
제 길을 찾아 나간다.

움직이기 시작하는
순간의 마찰력을 이용하라

_작가 김진규

정지해 있던 물체에 힘을 점점 증가시키면서 밀어주면 어느 순간 물체는 움직이기 시작한다. 이렇게 정지해 있던 물체가 막 움직이기 시작하는 순간의 마찰을 '최대정지마찰력'이라고 한다.

정지해 있는 물체를 최초로 움직이게 하는 힘이 가장 크고, 일단 움직인 물체를 계속 움직이게 하는 데는 그보다 작은 힘을 필요로 한다.

일단 시작하고 나면, 굴러가는 데는 생각보다 큰 힘이 들어가지 않는다. 문제는 물체를 움직이게 할 때 최초의 마찰력을 불러오는 순간이다.

그것이 유혹이다. 유혹을 뿌리치기 어려울 때 결국 최대정지

마찰력이 작용하게 된다. 크건 작건 간에 일단 유혹의 힘이 정도 이상으로 넘어가는 순간, 버티어 오던 어떤 것이 최초로 무너지고 만다. 한 번 의지가 움직여 행동으로 옮겨지기만 하면, 유혹에 대항할 힘을 잃게 된다.

  작가로서, 나는 아주 특이한 경우에 속한다. 2006년 10월 처음으로 소설이라는 걸 쓰기 시작했다. 단편인지 장편인지도 정리되지 않은 채였다. 그저 어두운 밤길을 더듬어가듯 그렇게 첫걸음을 뗐다. 마냥 생각의 길이를 따라 가다보니 시간은 해를 넘겨 5월이 되었다. 원고지는 장편 분량에 가까워졌다. 내 원고를 지켜봤던 언니가 잔소리를 했다. 그냥 묵히지 말고 어디든 내놔봐라. 아깝잖아. 그때 알아보니 5월에서 가장 가까운 공모전이 8월에 있었다. 공모 분량에 맞추기 위해 원고를 1,000매로 늘렸다. 바로 이 5월부터 8월까지의 글쓰기가 내 생애 최초로 '목적'을 염두에 둔 글쓰기였다. 그러니까 여기까지가 두 번의 '처음'인 셈이다. 소설쓰기의 처음, 목적을 가지고 써본 글의 처음. 그리고 결과적으로는 아마추어 작가로서의 처음이자 마지막 글이 되기도 했다. 그해 11월 문학동네 소설상을 수상했으니까. 그렇게 나는 어이없게도 작가가 되고 말았다.

살면서 내내 난 내 안의 열망이 뭔지 몰랐다. 대학을 졸업하던 해 단 두 달간의 직장생활을 끝으로 시작된 결혼생활 내내 나는 최대정지마찰력이 절대 작용할리 없는 정지해 있는 물체였다. 10년이 넘게 온종일 종종거리며 안방에서 부엌으로 출퇴근하는 전업주부가 뭐든 세상에 얼굴을 내민다는 건 불가능한 일이 아닌가? 그런 생각들이 그때의 내겐 진리였다.

그런데 이상했다. 결혼생활 15년 내내 뭔가 내 안에 잔뜩 고여 있어서 그걸 퍼내야 하는데, 이젠 정말 곪을 대로 곪아서 고름으로라도 짜내야 내가 살 것 같은데 그 빠져나와야 할 게 무엇인지 구체화되지 않았다. 내 안에서 뭘 퍼내야 하는지도 모른 채, 그저 턱밑까지 꾸역꾸역 구역질로 올라와 토해낼 것 같은 격한 상태를 간신히 억누르고만 있었다.

나는 늘 주눅 들어 있었고, 무용지물이었다. 한동안 프로주부라도 돼보려고 기를 쓰고 노력했지만 매일 같은 밥을 지으면서도 아직도 밥물을 맞추는 데는 자신이 없고 책이라면 지나칠 정도로 가리지 않고 읽었다.

　누군가 미치도록 좋지만 내 사람은 안 돼도 상관없는, 그저 멀찍이서 동경하기만 하는, 아니 그보다는 차마 그 사람에게 다가갈 주제가 못되었던 게 바로 나였다. 결국 나는 수년 동안 지독한 상사병을 앓았다. 우울증이었다. 한 번도 웃지 못하는 날들이 계속되었다. 밤새 잠을 못자고 뒤척이면서 '날이 밝으면 어디로든 떠나서 없어져야지' 하고 굳게 결심하다가 아침이 되어 딸의 얼굴을 보는 순간 그 굳은 결심이 허물어지곤 했다.

　그때 딸아이가 학교에 입학했는데 유난히 또래 아이들보다 행동이 느려 터져서 답답한 그 아이를 보면서, '내가 이러고 있으면 안 되지'하며 간신히 정신을 차렸다.

　그래도 유일한 위안은 책. 많게는 일주일에 서너 권을 읽었고 인상적인 부분에는 꼬박꼬박 밑줄을 그었다. 그걸 노트에 따로 옮겨 적었고 옮겨 적고 나면 그 아래엔 반드시 내 생각도 함께 적었다. 그렇게 끼적거린 메모만 따로 묶으면 족히 책 10권 분량은 된다.

책을 읽고 나면 인터넷에 서평을 남겼고 별점도 매겼다. 책에 관한 뭐든 좋았다. 급기야는 블로그를 만들어 글의 이웃이 생겼다. 내 글의 독자가 생긴 것이다. 글이라고 해봐야 잡담 수준이고 몇 안 돼는 이웃이었지만 내 글을 읽고 그들이 반응을 보여주었다. 누군가 내 글을 읽어준다는 게 신기했고 즐거웠다. 그 모든 행동들이 작가가 되고 싶은 무의식의 노력인지 그때서야 알았다. 그건 내안의 열망을 발견하는 과정이었다.

2006년 10월 소설을 쓰기 시작한 건, 세상의 그 무엇도 내 열망과 맞바꾸기에는 서로 엇비슷하지가 않았기 때문이다. 그렇다면 시작하는 수밖에. 아주 오랫동안 정지해있던 물체가 들썩이기 시작한 것이다. 그때 가장 힘든 일은 포기하고 그대로 정지해있는 일이었으니까.

소설쓰기를 시작하면서도 불쑥불쑥 고개를 드는 반대편의 유혹은 "마흔이 코앞인데 이 나이에 뭘" 하는 감정이었다. 그러나 포기하고 아무 일도 하지 않아도 마흔은 온다.

혹시 작가가 되기에는 이렇다 할 경험이 없어서, 글의 재료가 없다고 믿는 사람이 있다면 작가는 지식이나 경험보다는 상상력으로 글을 쓴다는 말을 해주고 싶다. 나의 경우 신문이나 잡지의 그림 한 컷을 봐도 상상력이 분주히 뛰기 시작한다. 뭐든 조금이라도 관심이 가면 그냥 넘기는 법이 없다. 세밀하게 관찰하고 그 관찰한 것의 이미지를 꾸준히 머릿속에 저장한다. 이미지 자체를 저장하는 것이 아니라 그 이미지가 떠올려준 '이야기'를 저장하는 것이다. 이미지뿐만이 아니라 나는 습관적으로 사물의 모양이나 느낌을 문장으로 만들어 본다.

지하철에서 스타일리시한 모습의 여자를 보면 "저 여자의 캐릭터를 이렇게 그려보면 어떨까?" 하는 그런 생각을 해본다. 천재가 아니면 부지런히 저장하는 수밖에 없다. 내 작가적 상상력의 원천은 그렇게 꾸준히 저장해온 무수한 양의 이미지와 문장들이다.

누구에게나 꿈이 있다. 이루지 못하고 오래 묵힌 꿈일수록 그것은 슬며시 몸의 일부가 되어간다. 그런데 그 꿈들은 더 많은 시간을 묵히면서 쓸모없이 떼어버려도 좋을 충수蟲垂가 되기도 하고 심장이 되기도 한다.

충수와 심장…… 내과 병동에서 흔하게 버려질 충수돌기처럼

Part1 꿈의 책장을 덮었나요? **051**

세상에 버려지는 꿈들이 얼마나 많겠는가.

내 꿈은 고맙게도 스스로 부지런히 모양을 갖추면서 심장이 되어주었다. 그래서 이제는 한순간도 쉬지 않고 나를 펌프질해 대고 있다. 한번 의지가 움직여 행동으로 옮겨지고 나서부터는 더 이상 그 유혹에 대항할 힘을 잃게 됐다. 이제는 그 리듬에 따라 같이 움직일 수밖에. 마치 심장의 그것처럼.

누구에게나 꿈이 있다.
이루지 못하고 오래 묵힌 꿈일수록
그것은 슬며시 몸의 일부가 되어간다.

나만의
드라마를
만들어라

Part 2

touch
06

가끔은 뻥 가는 선택을 하라

'**암스트롱**'이란 이름은 강인함의 상징이다. 아폴로 11호로 인류 사상 최초로 달에 착륙한 이름이 암스트롱이었고, 사이클 미국 국가대표 랜스 암스트롱은 암을 극복한 스포츠인으로 사랑을 받는다.

여기 카렌 암스트롱이라는 여인이 있다. 그녀는 통찰력 있는 영국의 종교 학자이자 『좁은 문으로』, 『마음의 진보』 등을 쓴 작가다.

왜 그녀의 터치를 주목해야 하는 것일까. 17살의 그녀가 길을 찾아 고민하고 방황하며 부모님의 반대에 직면했던 일화가 지금 당신의 처지와 같기 때문이다. 결론을 얘기하면,

카렌 암스트롱은 모든 시련을 이겨내고 이름처럼 강한 삶을 살았다.

그녀는 17살 되던 해에 수녀원에 들어갔다. 그것도 어디까지나 혼자서 내린 결정이었다. 그녀의 부모는 그런 중대한 결정을 내리기엔 아직 어린 나이라고 만류했다. 그러나 유순했던 딸은 뜻밖의 선택을 했고, 부모는 일단 대학은 마치는 게 좋겠다고 다독였다.

17살의 나이에 '나를 찾아 나서겠다'는 당돌한 선택의 이유는 누군가 정해둔 삶과 다르게 살아보고 싶다는 당신의 고민과 너무 닮아 있다. 그녀는 자서전에서 나를 찾는 과정을 이렇게 적고 있다.

"나는 1950년대의 전형적인 소녀상이 마음에 들지 않았어요. 당시의 여자 아이는 풍성한 치마에 말꼬리처럼 얌전히 뒤로 묶어 늘어뜨린 머리, 벌통을 하나 얹어놓은 것처럼 높은 머리를 하고 다녔죠. 나는 부자연스럽고 얼굴도 별 볼일 없고 책만 좋아하고 남학생한테 인기가 없는 아이였어요. 수녀원에 들어가기 전 부모님은 내 마음을 돌려놓기 위해 무도회장의 청소년 파티에 나를 끌고 갔죠. 당시 나는 집안의 체면을 지켜야하는 양갓집 규수라도 된 느낌이었어요.

이렇게 살아갈 수는 없다고 생각했죠. 물론 열려있는 길은 많았어요. 극단으로 흐르지만 않는다면 뭐든지 할 수 있다고 어른들은 말했죠. 공부도 할 수 있고 여행도 다닐 수 있고 직장도 다닐 수 있다고요. 그렇지만 결국에 가서는 결혼을 해야 했죠. 물론 노처녀로 살겠다는 생각은 꿈에도 하지 않았지만, 그렇다고 해서 결혼에 그렇게 마음이 동하지도 않았어요. 내가 아는 여자들은 대부분 청소하고 요리하고 설거지하고 내가 지금껏 싫어하는 집안일을 하면서 대부분의 시간을 보냈죠. 거기에 비하면 수녀는 정말로 홀가분하게 사는 것 같았어요. 남자한테서 이래라 저래라 명령도 듣지 않고 주체적으로 살아가고 고귀한 문제를 생각하면서 사는 수녀가 그렇게 멋있어 보일 수가 없었죠. 나는 정말로 자유롭게 살고 싶었어요. 다른 세상에서 살고 싶었고, 나 자신도 달라지고 싶다는 생각을 많이 했어요. 당시 큰 충격을 줬던 로큰롤 음악처럼, 시쳇말로 뽕 가고 싶었죠."

　시대는 다르지만, 나의 길을 찾고 자유롭게 살고 싶다는 바람. 많은 길들이 있고, 극단으로 흐르지 않는다면 뭐든 할 수 있다는 어른들의 충고. 일단은 대학을 가라, 그리고 양갓집 규수가 되는 길을 배워라. 드러내놓고 말하지는 않지만,

너무도 뻔한 결론은 이런 것이다. '그래서 좋은 파트너를 만나 결혼해라!'

누군가의 삶이 모두 '양갓집 규수'시리즈가 될 수는 없다. 주변의 조언을 귀담아 듣되, 정작 중요한 점은 그 안에 주체적으로 살고 싶다는 나의 생각이 담겨야 한다. 암스트롱의 고백처럼, 남과 다르게 걷는 성공의 비밀은 '삥'가는 선택에서 시작되는 건지도 모를 일이다.

젊은 시절의 '삥'가는 결정이 호락호락한 길을 보장하는 건 아니다. 다만 그 선택은 책임을 낳고, 경험을 쌓게 한다. 당신은 젊을수록 많은 것들을 겪어봐야 한다.

암스트롱의 수녀원 생활이 그녀가 생각했던 이상과 같았던 것은 아니다. 그녀는 17살의 선택에 대한 책임을 져야했고, 그에 따른 고통이 있었다. 때로는 도망가고 싶었다고 고백한다.

"나는 똑같은 자리에서 똑같은 실수를 반복하면서 어디로 나아가는지도 모르고 헛되이 맴돌고 있었어요. 그렇지만 나도 모르는 사이에 서서히 어둠 속에서 벗어나고 있다고 믿었습니다."

나아가는 삶이란 그런 것이다. 어디로 나아가는지 정확치 않고, 100% 성공을 보장하는 것은 아니다. 그렇지만 스스로 '뿅' 가는 선택을 해본 사람은 결국 어둠 속에서 벗어나는 법을 깨치게 된다.

끝없는 터널은 존재하지 않는다. 저 멀리 빛이 보이는 순간이 있다. 삶에 대해 진지하게 묻지 못하는 이들에게 그녀는 이렇게 충고한다.

"당신이 얼마나 나약한 존재인가를 깨달을 때 비로소 인생에 대한 진지한 물음이 시작됩니다."

거울 앞에서 '나는 나약하다'는 말을 세 번 이상 계속 해보자. 지금의 나는 나약하고, 나약하고, 또 나약하다. 어떤 느낌이 드는가. 이상한 일이다. 괜스레 미소가 떠오르지 않는가.

'나는 나약하다'는 말은 뜻밖에 나를 다독이는 주문으로 작용한다. 지금 나는 약하지만 금방 강해질 수 있다는 감정의 터치로 작용한다. 지금 진지하게 나아갈 길을 묻고 있으나, 두려움에 발걸음을 내딛지 못하는 사람들이 있다면 T.S 엘리엇의 '재의 일요일'이란 시를 읽어보자.

"다시는 되돌아가리라 바라지 못하리니, 이 말을 답으로 삼으라. 다시 일어날 일도 아닌데, 일어난 일에 대한 심판이 우리를 너무 짓눌러서는 안 되리라."

갈 길을 못 찾고, 나의 선택이 주변 시선에 억눌리고, 지금 결정의 앞날을 미리 걱정해서 아무 것도 못하는 이들이라면, '재의 일요일'의 한 구절을 다시금 곱씹어도 좋을 일이다.

"다시 일어날 일도 아닌데, 일어날 일에 대한 심판에 너무 짓눌려서는 안 되리라."

touch
07

나만의 드라마를 만들어라

카사노바는 바람둥이의 대명사다. 그러나 성공을 얘기하면서 카사노바를 운운하면 오해할 수도 있다.

알다시피, 카사노바는 희대의 바람둥이였다. 한 여자에게 목숨을 바쳐 사랑하겠노라 맹세한 며칠 뒤 혹은 동시에 다른 여자에게 똑같은 고백을 했다. 누군가는 양다리를 걸친 행위를 탓하고, 사랑이 어떻게 그렇게 왔다갔다할 수 있냐며 탓할 수 있다. 그러나 그는 그 모든 감정이 진심이었다고 말한다.

그처럼 카사노바는 정열의 화신이었다. 카사노바가 많은 여자를 사랑했고, 그 많은 상대가 카사노바에게 애증이 있다는 걸 빼고 나면, 카사노바처럼 자신의 삶에 정열을 갖고 산 사람을 찾기 힘들다.

불같은 그의 삶이 당신에게 터치해주는 바는 '본능에 충실해'라는 주문이다.

"내가 선택한 삶과 사랑은 당시의 제도와 관습에 대해 자기 인생과 사랑을 걸고 저항한 독특한 삶이었다."는 카사노바는 자신의 삶을 소재로 가장 위대한 문학 작품을 만들어 냈다는 평을 받고 있다. 당신이 삶의 위대한 작품을 쓰고 싶다면, 카사노바의 철학을 귀담아 들을 필요가 있다.

청년 시절 카사노바는 주변의 제재와 충고에 시달렸다. 어른들은 "제발 여자 말고 다른 삶에 열정적으로 살아보라."며 충고했다. 역설적으로 이 말은, "다른 친구들은 안정된 직장을 갖고 제 몫을 하는데, 너는 어떻게 제자리를 못 잡고 겉돌며 사느냐."는 타박이기도 했다.

"어느 한 부인은 내게 많은 가르침을 주고 현명한 충고를 했는데, 만일 그녀가 말한 대로 따랐더라면 내 인생은 지금보다 훨씬 단조로웠을 것이다. 당연히 사람들에게 들려줄 이야기도 적고 재미없을 것이다."

'놀아본 사람이 놀 줄 안다.'는 말이 있다. 놀아도 잘 놀아

봐야 한다. 잘 놀았다는 것은 소중한 경험을 쌓는 것이며, 카사노바의 말을 빌리면, "단조롭지 않은 삶을 살고, 누군가에게 들려줄 풍부한 얘깃거리를 갖는다."는 뜻이다.

많은 사람들이 그 같은 꿈을 갖고 있지 않을까. 삶이 단조롭지 않기를, 성공하기를, 나의 성공한 삶에 많은 얘깃거리가 담기기를 말이다. 그러기 위해서는 사람은 '자유 의지'를 갖고 있다는 것을 잊지 말아야 한다고 강변한다.

"인간은 자유롭다. 그러나 스스로를 믿지 않을 때는 결코 자유롭지 못하다. 인간이 주어진 운명의 길을 잠자코 쫓아가기만 한다면, 신이 인간에게 '이성'을 허락하면서 부여한 힘을 스스로 포기하는 것이나 다름없다."

인간은 망각의 동물이기도 하다. 당신 역시 중요한 것들을 잘 잊는다. 그러나 잊지 말아야 할 게 있다. 당신은 자기가 하고 싶은 건 무엇이든 다 해도 되는 자유인이라는 것이다.

카사노바는 "삶의 위대한 기술은 바람에 나를 맡기는 것"이라면서 "당신에게 필요한 건 용기뿐이다. 아무리 큰 힘이 있어도 자신감이 없으면 소용이 없다. 스스로 옳다는 것을 확신하라."고 조언한다.

왜 당신은 삶의 기록을 남기고 싶으면서 바람처럼 흘러가지 않는가. 왜 행동은 없고 머릿속만 심란한가. 그렇다면, 카사노바 자서전에 담긴 "만일 네가 기록으로 남길 만한 행동을 하지 않았다면, 적어도 읽을 만한 내용은 글로 남겨라."는 로마의 역사가, 플리니의 말을 항상 기억해둘 필요가 있다.

카사노바는 72살의 나이에 자서전을 썼다. 자서전을 쓴 이유로 "오로지 내가 했던 모험담에 나 스스로 즐거워지기 위해서"라고 말했다. 그는 "일생을 통해서 내가 주로 관심을 가진 건 여러 감각의 기쁨들을 개발하는 일이었다. 이보다 더 중요한 건 아무 것도 없었다."고 단언한다.

많은 성공한 이들이 같은 말을 한다. 스스로 즐겁지 않은데, 어떻게 대단한 성과가 나오겠느냐고 묻는다.

"지금 당신은 하는 일이 즐거운가?". 머리를 긁적이며 "글쎄요"라거나 "아니오"라는 말을 한다면, 당신은 이제 다른 길을 선택해야 한다. 연애와 성공의 기술을 설파한 카사노바는 머리를 긁적이는 당신에게 이런 말을 들려준다.

"스스로를 믿고 자유롭게 살아라. 칭찬받을 삶을 살아가라. 늘 청중이 있다는 것을 생각하고, 노력하며, 그 칭찬을 바탕으로 기술 수준을 높일 수 있다."

당신은 한 번이라도 칭찬을 받아본 적이 있는가. 그 칭찬은 자신의 오롯한 선택에 따른 것이었는가. 앞으로 당신은 어떤 칭찬을 받고 싶은가. 카사노바가 지금 당신에게 주고 싶은 칭찬은 이런 것인지 모를 일이다.

"당신은 칭찬받을 자격을 갖고 태어났다. 그러니 머뭇거리거나 고민하지 말라. 스스로를 믿고 지금 움직여라!"

세상 사람들의 주목을 받느냐, 마느냐는 초보들에게 중요한 일은 아니다. 좋은 결과는 당연히 세상의 주목을 받게 마련이다. 지금 당신은 삶의 드라마를 만들고 있느냐, 없느냐. 이게 핵심이다.

"당신에게 필요한 건 용기뿐이다.
아무리 큰 힘이 있어도
자신감이 없으면 소용이 없다"

touch
08

직선항로를 달려라

콜럼버스는 '아메리카 발견'으로 역사적 인물의 반열에 올랐으나, 한편으로 황당무계하고 공상적인 인간으로 평가받기도 한다. 기억해야 할 점은 그가 '자기 확신의 대가'라는 점이다.

앞서 "스스로를 믿지 않는 사람에게 자유란 없다."를 대변하는 인물이 카사노바였다면, 콜럼버스는 "스스로를 지나치게 믿지 않는 사람에게 신대륙 발견이란 없다."는 말로 유명하다.

콜럼버스는 '자기 확신'의 대가였다. 모두 'No'라고 할 때 혼자 'Yes'라고 했던 인물이었다. 이를 방증하듯 콜럼버스에 대한 역사적 평가는 극과 극을 달린다. 수치상의 계산법에 따르면 콜럼버스가 계획한 항로는 무모했다. 하지만 그는 단 한 번도 자기의 계산이 틀렸다고 생각하지 않았고, 그런 끊임없는 자기 확신이 신대륙 발견으로 연결됐다.

콜럼버스는 봉건주의 시대에 서민의 아들로 태어났다. 그의 정확한 혈통은 알려지지 않았다. 이유인즉슨, 콜럼버스는 평범한 혈통을 가능한 감추려고 했기 때문이다. 그는 혈통 때문에 주눅 들기 싫었고, 계급을 떠나 대등한 입장에서 자신의 목표를 실현하려 했다. 호시탐탐 신분 상승의 기회를 노리며 야망을 키웠다.

콜럼버스의 부모는 몇 차례 장사에 실패해 생활고에 허덕였다. 그래서 아주 궁핍했다. 그 탓에 콜럼버스는 정식 교육을 받지 못했고, 이에 일부 역사가들은 그가 아주 허술한 지식을 습득했다고 말한다. 공부보다는 생계를 잇는 일에 어린 시절을 쏟아 부어야 했다. 어린 나이에 빚더미에 올라앉은 아버지를 대신해 빚보증을 서기까지 했다. 콜럼버스가 왜 그리 높은 곳으로 오르려 했는지, 왜 그렇게 바다를 개척하려 했는지 이해가 된다. 그런 상상이 그의 유일한 도피처

였고, 희망이었기 때문이다.

그는 항구 도시 리스본에서 자신의 미래를 찾았다. 생활고에 시달리던 서민의 아들이 삶의 반전을 꾀할 가능성은 바다에 있었던 것이다. 그는 항해를 발판으로 인생역전을 꿈꿨다. 젊은 콜럼버스는 "저 바다 어딘가에 부를 채워줄 금이 있다. 금의 발견은 곧 명예가 될 수 있다."며 자신을 채찍질했다.

그는 목표에 집착했다. 역사가들은 그를 동전의 양면으로 평가한다. 한쪽은 과대망상가로, 반대쪽은 그런 열망이 있었기에 신대륙 발견이 가능했다는 진취적인 인물로.

그는 자신만의 세계에 갇힌 몽상가였다. 신대륙을 발견하게 만든 '위대한 오류'는 거기서 탄생했다. 콜럼버스의 계획은 주변 수학자들로부터 반대를 받았으나, 끝내 고집을 꺾지 않았다.

누군가 틀렸다고 말할수록, 자신의 계획을 확신했다. 콜럼버스가 과대망상가일 수 있다. 그러나 자꾸 주변의 말에 흔들리는 사람들에게 그는 이렇게 말한다.

"누군가의 말이 맞을 수 있다. 그러나 어차피 '틀렸다, 아니다.' 고 말하는 사람들도 가보지 않은 길이다. 그렇다면 주변보다는 자기 계획을 확신하라. 목표를 세웠으면 거기 몰입하라. 결과는 누구도 알 수 없는, 나중의 일이다."

콜럼버스가 주변의 반대, 또 반대를 무릅쓰고 신대륙 항해에 나선 것은 1492년이었다. 가난에 허덕였던 콜럼버스는 새로운 항로의 발견을 통해 신분 상승의 기회를 찾았다. 그것이 그의 인생 목표였고 비전이었다. 젊은 시절 콜럼버스가 꿈꾼 신분 상승은 현재의 누군가가 바라는 성공의 다른 말이다.

콜럼버스는 먼저, 남이 이상하게 생각하더라도 자기 확신을 가지라고 말한다.

"내 계획을 들은 사람들은 이구동성으로 나를 우스꽝스럽다고 말했다. 나 자신도 걱정은 되었지만 내 계획이 실현될 것이라 믿었으며 지금도 확신하고 있다."

두 번째, 자신의 목표를 정한 뒤 딴 데 한눈을 파느라 시간을 지체하지 않았다.

"내가 추구하는 바는 직선항로로 인도에 도달하는 것이다."

콜럼버스는 항해 일지를 썼다. 항해 일지는 바다를 이동하는 여정이지만, 항해를 삶과 비유하면, 성공 일지이기도

하다. 그의 항해 일지에는 또 이런 말이 담겼다.

"내가 이 섬들을 지난주에 방문할 수 있었으나 이리저리 돌아다니느라 시간을 지체하고 싶지 않았다. 그 섬들이 내 여행의 목적지가 아니었기 때문이다. 나는 인도에 가기로 결정했다. 그래서 앞바다에 놓여있는 섬들 때문에 시간을 잃는 것은 현명치 못한 일일 것이다".

한편으로 콜럼버스는 세속적인 성공자다. 그는 황금과 신분 상승을 추구했다. 단숨에 높은 사회적 명망을 얻고 싶어 신대륙 발견에 나섰다.

콜럼버스의 꿈은 신분 상승이었다. 신분 상승을 위해 험난한 파도를 넘어 새로운 나라들을 발견했다. 그를 그저 그런 속물이라고만 단정할 수 있을까. 지금 같은 자본주의 시대에는 부가 곧 성공의 지표다. 콜럼버스가 요즘 시대에 태어났다면 아마 그는 큰 부자가 됐을 것이다.

"큰돈을 벌겠다."는 말은 요즘 속물로 통하지 않는다. 속물도 시대에 따라 변한다. 정작 중요한 질문은 이것이다. "지금 당신은 꿈을 이루기 위해 직선항로를 달리고 있는가, 아니면 여전히 한 눈을 파는 중인가."

콜럼버스가 목표를 이뤄가는 두 가지 터치는 어느 때고

적용가능하다.

"누가 뭐라 건, 그게 엉뚱한 상상이라도 자신을 믿을 것!"

"목적지 이외의 섬들을 방문하느라 시간을 지체하지 말 것!"

touch
09

영리한 사기꾼(?)이 되라

여기 두 명의 스타 여가수가 있다. 한 명은 천상의 목소리, 샹송의 대가로 불리는 그리스 출신 나나 무스꾸리이고, 다른 한 명은 '섹스 심벌' 마돈나다. 둘의 공통점은 젊은 시절 미모 콤플렉스에 시달렸으나, 모두 약점을 강점으로 바꿨다는 점이다. 그것도 그들만의 방식으로.

나나 무스꾸리는 25살 무렵, 그리스 노래 페스티벌에서 '세상 어딘가에 날 사랑해줄 남자가 있어'란 곡으로 1등을 차지했다. 스타 탄생의 시작이었다. 그런데 노래 제목이 심상치 않다. 세상 어딘가에 날 사랑해줄 남자가 있을 거라니. 스타 탄생 전의 나나 무스꾸리는 자신감이 없는 그저 그런 여자였을 뿐이다. 너무도 매력적인 여가수로 통하는 그녀는 "난 너무 오랫동안 혼자로 지내왔고 누군가 나를 좋아할 거라고는 한 번도 생각해보지 못했다. 내가 한 남자의 사랑을 받는다는 건 상상할 수 없었다. 안경 쓴 뚱뚱한 여자를 누가 섹시하다고 할까."라고 고백했다.

검은 뿔테 안경에 긴 생머리, 그리고 지적인 외모에 맑은 목소리. 누구라도 그녀의 매력 앞에 고개를 숙일 법 한데, 정작 그녀는 25살 전까지 숙맥이었다. 그때까지 키스를 해본 경험도 없었다. 그런 그녀가 전세계가 사랑하는 대스타로 거듭난 것이다.

"내 자신을 사랑하게 되면서 사랑을 받게 됐다. 여자는 스스로 자신을 사랑할 수 있기 전까지는 남자와의 로맨스를 기대하기 어렵다."

나나 무스꾸리의 '연애 법칙'을 얘기하는 게 아니다. 이 말은 스스로 움츠러들었던 과거와 자신을 받아들이고 사랑하게 된 현재를 비교하고 있다.

의외로 자신을 사랑하지 않는 사람들이 많다. 당신이 스스로를 사랑하지 않고 있는데, 누가 당신을 사랑해줄 것인가. 나나 무스꾸리의 말을 빌리면, 스스로 자신을 사랑하지 않는 사람들은 날아오르는 것을 기대하기 어렵다.

어느 날, 그리스 수상 부부가 그녀를 찾아왔다. 그녀는 수상 부부에게 노래와 무대가 전부였던 어린 시절의 이야기를 고백 했고, 수상 부부로부터 잊지 못할 조언을 들었다.

"이제 당신 자신을 더 발전시킬 수 있는 건 당신에게 달렸어요. 다른 사람들이 뭐라 하든 걱정하지 말고 아무것도 두려워하지 말아요. 자신의 운명을 개척해나가는 과정에서 두려워할 대상은 오직 자기 자신 뿐이니까, 좀 더 강해지고, 내면의 힘과 본능, 그리고 자신을 굳게 믿길 바랍니다."

자신을 사랑하지 않는 여자는 아름답지 않다. 외모적으로 뛰어나지 않지만 매력이 넘치고, 상대방을 이끄는 여자들이 있다. 그 여자들에게서 나나 무스꾸리의 젊은 시절을 본다. 그녀들은 자신을 누구보다 사랑할 줄 아는 여자들이다. 나나 무스꾸리는 당신을 이렇게 응원한다.

"누군가 당신을 사랑해주기 전에, 스스로 자신을 사랑하세요."

마돈나는 누구나 인정하는 섹스 심벌이다. 보톡스를 맞지 않으면 주름을 감추지 못할 나이에도 언론은 언제나 그녀를 주목한다.

마돈나는 지극히 속물적이라는 평가를 받지만, 뒤집어보면 마돈나는 자신을 주목하게 만들고, 야망을 실현시키는 탁월한 이미지 메이커다.

마돈나는 헤프거나 천박한 여자로 내몰리지만, 철저히 '계산된 악녀'로 통한다. 마돈나가 당신에게 건네는 영리한 터치는 "당신의 삶을 연기하라!"는 말이다. 꿈은 저절로 이뤄지는 게 아니며, 어떻게든 만들어갈 때 실현된다는 의미다.

마돈나는 데뷔 시절, 미인과는 거리가 멀었고 외모엔 특별한 감흥이 없었다. 마돈나는 일단 자신을 미인으로 만드는 작업에 착수했다. 그것이 아버지의 직업을 더욱 궁핍하게 만들어 연민을 불러일으켰다. 그녀는 자신의 과거 중 무엇을 지우고, 무엇을 강조할지 잘 알고 있었다.

마돈나는 영리했다. 자신의 꿈을 속이는 대신 솔직했다. 금발의 서양 여자가 관심을 받는다는 것을 알고 출세를 위해 과산화수소로 자주 머리를 탈색하기도 했다. 마돈나의 원래 머리색은 갈색이다. 성공하고 싶다면, 그만큼의 연기가 필요하다. 마돈나가 선택한 연기는 사기나 속임수가 아니라, 자신의 약점 대신 강점을 PR하는 것이며, 꿈을 만들어가는 과정이다.

"사람들이 나를 바라보는 시선은 이미지의 일부일 뿐입니다. 나는 그걸 이용할 뿐이고, 나의 길을 걸을 뿐이죠."

결국 마돈나는 스타가 됐다. 당신도 스타가 될 수 있다. 누구에게나 주어진 환경은 비슷하다. 그 환경을 어떻게 이용하고 이끌어 가느냐는 자신의 몫이다. 꿈이 있는 사람은 자신의 삶을 그냥 내버려두지 않고 만들어간다. 물론 99% 성공 유전자를 가진 사람은 마돈나와는 다른 자신만의 문법을 만들어야 한다. 약점을 드러내 연민을 구할 게 아니다. 약점을 강점으로 반전시키는 '조작'이 필요하다.

마돈나는 사기를 친 게 아니다. 스타라는 꿈을 이루기 위해 부단히 노력했다. 마돈나의 조작은 흥행 코드로 자리 잡았고, 당신의 조작 또한 흥행이 될 수 있다. 마돈나는 자신의 성공한 삶에서, '조작'이란 단어를 빼고 이렇게 근사하게 표현한다.

"약점을 각색하세요. 그리고 영리한 사기꾼이 되세요.".

누군가의 말이 맞을 수 있다.
그러나 어차피 '틀렸다, 아니다.'고 말하는
사람들도 가보지 않은 길이다.
그렇다면 주변보다는 자기 계획을 확신하라.

touch
10

가슴과 직감 그리고 용기

"**괴짜란** 새로운 생각을 하는 사람이다. 그 생각이 새롭다는 판단은 그 사람이 성공할 때까지일 뿐이다. 성공을 하면 언제 그랬냐는 듯 하나의 법칙으로 받아들여진다."

소설가 마크 트웨인의 말이다. 이 말이 가장 잘 통하는 인물을 한 명 꼽으라면 당연히 스티브 잡스다.

"아이팟을 듣는 사람은 유행을 듣는 것이고, 아이팟이 아니면 그저 음악만 듣는 일이다."는 말이 있다. 아이팟을 만든 스티브 잡스는 괴짜로 통한다. 그런데 성공을 하고 나면 당연한 생각으로 받아들여진다. 이 말은 당신 역시 괴짜로 살아볼 수 있지 않느냐는 질문으로 환원된다.

스티브 잡스는 모교인 스탠포드대학의 졸업식에서 명연설을 했다. 한마디로 요약하면, "나를 브랜드로 만들어라."는 것이다. 스티브 잡스의 삶은 우울했던 한 인간이 어떻게 누구나 선망하는 브랜드로 성공했는지를 보여주는 드라마다.

스티브 잡스는 미혼모의 아들로 태어나 대학과는 거리가 먼 양부모에게 입양됐다. 잡스의 어머니는 아들을 대학에 꼭 보내겠다는 약속을 받고난 뒤에야 그 집에 입양시켰다. 17년 뒤 그는 스탠포드대학에 입학했지만, 비싼 등록금을 내야하는 부모에게 미안했고, 인생을 어떻게 살아야하는지, 과연 대학이 자신을 도와줄 수 있는지를 의심하다 6개월 후 중퇴를 결심했다.

돌이켜보면, 그는 대학 중퇴가 자신의 삶에서 최고의 선택이었다고 말한다. 흥미 없었던 과목은 모두 버리고, 흥미로운 과목을 찾아 스스로 나선 것이다. 스티브 잡스는 당시를 이렇게 회고한다.

"호기심과 본능을 따라 부딪히며 지내온 현실은 돈으로 살 수 없는 매우 소중한 경험이었어요."

"나만의 호기심을 쫓는 괴짜로 살라."는 스티브 잡스. 그의 두 번째 터치는 애정과 손실에 관한 것이다.

그는 20살에 자기 집 창고에 애플 회사를 차렸고, 10년 뒤 직원 4,000명을 거느린 회사로 키워냈다. 그러나 30살 되던 해 회사와의 비전 갈등으로 자신이 세운 회사에서 해고를 당하는 어처구니없는 사건을 겪기도 했다.

"살다 보면 삶이 뒤통수를 내리칠 때가 있습니다. 그러나 그 순간에도 자기 안의 믿음을 져버리면 안 됩니다. 내가 지금까지 버틸 수 있었던 이유는 내가 하는 일에 애정을 가졌기 때문이라고 확신합니다. 여러분도 사랑을 찾아야 합니다. 그 사랑은 일에 대한 애착일 수 있고, 사랑하는 이를 위한 애정이 될 수도 있습니다."

누구에게나 좌절의 시기가 있다. 누군가는 좌절의 늪에 빠져 허우적댈 때, 다른 누군가는 별 일 없다는 듯 훌훌 털고 일어난다. 스티브 잡스는 그 좌절의 시기를 이렇게 해석한다.

"좌절의 시기가 또 가장 축복받은 일이었음을 이제는 알겠어요. 삶의 무게는 곧 새로 출발하는 초보자의 가벼움으로 교체됐고, 내 삶에서 가장 중요했던 창조의 시기로 자유롭게 들어가는 계기가 됐지요."

그는 좌절하지 않았고, 또 다른 반란을 일으켰고 보란 듯이 재기했다. 그리고 『토이 스토리』, 『니모를 찾아서』 등으로 유명한 애니메이션 회사 픽사를 창업했다. 그는 좌절의 순간마다 앞으로 어떤 일을 선택해야할 것인가, 또 어떻게 하면 성공할 수 있는가라는 희망적인 기준을 세우라고 말한다.

그는 '위기는 곧 기회'라는 말의 실천자였다. 위기의 순간에는 위기에 매달리지 말고, 탈출만을 생각하라. 탈출이 저기 앞에 있는데, 거기서 무너질 이유는 전혀 없다. 모든 것은 괴짜처럼 생각하는 방식에 달렸다.

"자신이 하는 일에 진정한 만족을 얻기 위해서는 여러분 스스로 훌륭한 일이라고 믿는 일을 선택하는 것입니다."

스티브 잡스의 좌절, 재기의 사이클이 일에서만 있었던 것은 아니다. 그는 암 판정을 받은 적이 있고, 그에게 남은 시간은 길면 6개월이라는 말과 함께 '마무리를 준비하라'는 사형선고 판정을 받기도 했다. 다행히 다음 검진에서 수술로 치료 가능하다는 통보를 받았지만, 죽음을 앞두고 그는 다음 문구를 떠올렸다고 한다. 그가 17살에 읽었던 것으로 마치 삶의 지침처럼 두고두고 간직했다는 문장이다.

"오늘을 마치 당신의 마지막 날인 것처럼 살아라."

그는 '인간은 언젠가 죽는다.'라는 명제를 기억하는 것이 한 사람의 생에서 가장 크고 중요한 선택을 할 때 필요한 사실이라고 말한다.

"죽음 앞에서는 어떤 기대나 자존심, 부끄러움, 실패에 대한 두려움이 사라집니다. 진정 중요한 한 가지만 남게 되죠. 언젠가는 죽는다는 사실을 기억함으로써 뭔가 손해 보지 않을까라는 망설임의 함정을 피해갈 수 있습니다. 죽음을 생각한다는 것은 자신에게 솔직해질 수 있는 순간이며, 진정 사랑하는 것을 따라가라며 속삭이는 것입니다."

스티브 잡스가 인생 후배들에게 전하는 메시지가 있다.

"당신의 가슴은 무엇을 원하는지 이미 알고 있어요. 그 외적인 것들은 다음 순위일 뿐이죠. 가슴과 직감을 따를 수 있는 용기를 가지세요."

스티브 잡스는 새 출발과 성공을 동시에 꿈꾸는 이들에게 항상 이런 화두를 던진다. 휴대폰이나 다이어리에 적어두면 훌륭할 문구다.

"항상 굶주려 있어라. 늘 바보로 살아라. stay Hungry! Stay Foolish!"

항상 굶주려 있으라는 건 가슴의 이야기와 직감에 따르라는 것이며, 바보로 살라는 말은 무슨 일을 앞두고 손해 보지 않을까란 망설임과 두려움을 잊고 살라는 주문이다.

touch
11 ::

가슴이 시키는 명령

"빌리, 왜 네가 발레에 흥미를 가졌는지 말해줄래?"

"몰라요, 그냥요."

"춤을 출 때 어떤 기분이니?

"모르겠어요. 그냥 기분이 좋아요. 조금은 어색하기도 하지만, 한번 시작하면 모든 걸 잊게 되고……. 그리고 사라져 버려요. 사라져 버리는 것 같아요. 내 몸 전체가 변하는 기분이죠. 마치 몸에 불이라도 붙은 기분이에요. 전 그저 한 마리의 새가 되죠. 마치 전기처럼. 네. 전기처럼요."

영화 〈빌리 엘리어트〉에서 빌리가 왕립발레스쿨에 지원

했을 때 면접관과 나눈 대화이다.

    어느 날, 권투연습을 하던 빌리는 체육관 한 귀퉁이에서 실시되는 발레수업에 우연히 참여하게 되고, 그 수업의 평화로운 분위기와 아름다운 음악에 매료된다. 발레 선생인 윌킨슨 부인의 권유로 간단한 레슨을 받게 된 빌리는 발레의 매력에 빠져들고, 빌리의 천재성을 발견한 윌킨슨 부인은 빌리에게 전혀 새로운 세상을 열어준다.

    하지만 이런 행복도 잠시. 아버지와 형의 단호한 반대로 빌리의 발레수업은 중단된다. 힘든 노동과 시위로 살아온 그들에게 있어 남자가 발레를 한다는 것은 수치스러움의 대상이었기 때문이다. 하지만 크리스마스에 자신의 발레솜씨를 친구에게 보여주고 싶었던 빌리는 텅 빈 체육관에서 혼자만의 무대를 만들어낸다.

    이때 우연히 체육관을 찾았던 아버지는 빌리의 춤을 직접 보게 되고, 빌리의 진지한 몸짓에서 자신의 아들이 진정으로 원하는 것이 무엇인지 깨닫게 된다. 그날 이후, 아버지는 빌리의 열성적인 후원자가 된다.

    빌리가 왕립발레스쿨에 들어갈 수 있는 자금을 마련하기 위해 아버지는 죽은 부인의 유품을 전당포에 맡기기까지

한다.

가난에 찌든 탄광촌의 아이에게 발레리노라는 꿈은 감히 상상할 수도 없는 것이었다. 그러나 빌리는 자신의 몸에서 꿈틀대는 본능을 알아차렸고 현실과 상관없이 부지런히 그 본능에 응했다.

누군가 아침마다 어떤 바람, 혹은 기대를 가지고 하루를 시작한다고 하자. 오늘 일이 잘돼야 할 텐데. 만약 내 기대대로 되어주지 않으면 어떻게 하지. 그런 불상사가 일어나지 않기 위해 최선을 다해야해. 아… 그런데 나는 언제쯤이면 이런 식의 스트레스에서 벗어날 수 있는 걸까. 언제쯤이면 이 모든 일에서 해방되어 자유롭게 살 수 있을까. 나는 언제쯤 큰돈을 벌거나 편안히 놀면서 살 수 있을까…….

이런 기대로 하루를 시작하는 사람들은 웬만해서는 그의 바람대로 현실에서 벗어날 수도, 성공할 수도 없다. 비록 최선을 다해 일했더라도 그가 현재에서 벗어나기를 바라는 한 그는 벗어날 수가 없다. 그는 자신의 일에 대해 온통 나쁜 감정에 사로잡혔기 때문이다. 아무리 하찮은 미물이라도 나쁜 감정을 보내면 돌아오는 것은 뻔하다. 그가 하는 일도 그만큼의 인색함밖에는 남지 못할 것이다. 싫어하는 일을 억지로, 아무리 열심히 해도 돌려받는 게 뻔한 이유가 바로 그 때문이다.

그런데 만약 그가 좋은 감정을 보낼 수 있는 어떤 일에 몰두해서 하루를 시작한다면 그는 틀림없이 좋은 보상을 받게 된다. 이는 그가 그만한 감정과 사랑을 주었으므로 돌려받는 보상이다. 이것이 자신의 내면, 본능에 귀를 기울여야 하는 이유이다.

본능은 끊임없이 당신에게 무엇인가 해야 할 일을 가르쳐준다. 당신이 무엇을 해야 할 것인가 하는 것은 영감이라는 마음속의 번득임을 통해 알 수 있다. 영감이 떠오르면 진솔하게 있는 그대로를 받아들여 그것을 충실히 실행하면 된다.

사전에 어떤 계획이 없더라도, 아무 준비가 되어있지 않아도 상관하지말라. 당신이 할 일은 지금 당장 마음속의 지시를 따르는 일뿐이다.

사전준비나 계획은 느림보다. 우리의 영감을 붙들고 놔주지 않으면서 결국 앞으로 나아가도록 저지시키는 것이 바로 이런 것들이다.

당장 먹을 것을 걱정하며 하루하루를 살아가는 탄광촌에서, 그것도 아들이 춤추는 모습을 부끄러워 하는 아버지를 둔 빌리가 그런 환경에서 몸을 움직여 춤을 추기보다 장래에 천천히 무용가가 되기 위한 사전준비나 계획에만 몰두하고 있었더라면, 그는 결코 왕립발레학교에 입학하지 못했을 것이다. 아마도 아버지와 형이 일하고 있는 탄광촌 어디쯤에서 발레스쿨이나 기웃거렸을 확률이 훨씬 더 높다.

여행 가방에 많은 짐을 넣으려 할수록 출발하기는 더 어렵다. 모든 여행 채비를 하고 가방을 한번 들어보고는 집밖을 나서는 걸 아예 포기할 수도 있다. 거창한 계획과 준비에 치밀할수록 첫 발을 떼기가 점점 더 어려워진다.

치밀함과 꼼꼼함 완벽함. 이것들이 과연 당신의 삶에 얼마나 보탬이 되었던가. 좀 더 본질적인 질문을 스스로에게 한번 던져보라. 완벽주의가 과연 당신을 얼마나 행복하게 만들었던가. 당신은 안전한 삶을 살았을지는 몰라도 행복한 삶을 살지는 못했다. 가슴이 쿵쿵거리는 삶과는 더더욱 거리가 멀었을 것이다.

많은 부모들이 어린 자녀가 특정한 소질을 보이면 오히려 그것을 걱정한다. 자신의 욕구들을 극복해야 한다고 말하는 사람들이 있다.

부모는 아이에게 온전한 사회인으로 살 수 있는 모든 공부가 끝난 후에, 그것을 해도 좋다고 말한다.

배우 실베스터 스탤론은 공부를 못해 여러 학교를 전전하며 배우가 되려고 했지만 실패의 연속이었다. 그래서 배우보다는 글쓰기에 흥미를 느껴 영화〈록키〉의 대본을 써서 자신에게 주연을 맡기는 조건으로 마침내 1억 달러 이상의 수입을 올렸다.

초보자일수록 자신을 표현하기 위해서는 용기를 가져야 한다. 실베스터 스탤론은 배우로써, 시나리오 작가로서 모두 초보였지만 결국 배우와 작가로서의 자신을 파는 일에 모두 성공했다. 자신의 욕망에 따라 움직여서 뭔가를 이루어가고 있다면 그 길은 당신이 제대로 찾아가고 있는 것이 맞다.

그 다음 반드시 갖추어야 할 자질이 '용감하게 보여주기'다. 실력이 아무리 좋아도, 제대로 보여주지 못하면 소용이 없다. 어떤 창작물도 결국 남에게 보여주기 위해 만들어진다. 체계적으로 관련 분야를 공부하지 않았더라도, 날마다 피나게 갈고 닦지 않아 어눌하더라도 지금 있는 그대로를 자신 있게 보여주고 설명할 수 있어야 한다. 우유부단함은 창작물 자체를 부정하는 결과가 된다. 어떤 일도 최종적으로 보여주는 사람에 의해 완성되는 것이다.

어떤 일이 이루어지는 이유는 '자기 제한'에 의해서가 아니라 '자기 표현'에 의해서이다.

지금 당장 마음 속 지시를 따르라.
여행 가방에 많은 짐을 넣으려 할수록
출발은 더 어렵다.

"단 하루도 평범한 삶을 살지 말라"

_네이미스트 정이찬

네이미스트 정이찬. 그가 직접 지은 이름이다. 가문이 지어준 본명은 다르다. 성명학을 빌리면, 그는 이십대 중반에 두 번째 이름을 짓는 것으로 제2의 인생을 꿈꿨다. 이찬은 둘two과 찬스chance의 조합이다. 해석하면 '두 번째 기회'란 뜻. 어제와 다른 내일을 스스로 개척하겠다는 의지가 엿보인다. 개명이 본인의 의지를 알리는 시위의 하나였다면 그 시위는 성공했다.

  남과 다르다는 것, 정체성을 찾으려는 시도들. 그는 명함이 두 개다. 하나는 자신을 PR하는 명함, 다른 하나는 비즈니스 명함. 개인 명함은 그를 알리는 도구의 일종이다. 아무 것도 적히지 않은 백지 명함에 즉석에서 이름과 개인 전화번호를 새긴다. 명함

을 받는 사람들은 그의 작은 '시도'를 신기해한다. 즉석 명함은 그의 정체성을 알리는 여러 시도의 하나다.

그런 것들로 인해 정이찬은 주변의 호기심과 관심을 받는다. 그만큼 세상은 '다름'에 안달이 난 건지 모른다. 다르지 않아서 한숨을 쉬고 그래서 누군가의 '다름'을 개성 있다는 말로 지지한다. 그는 "이찬이란 이름을 가진 후 특이하다는 얘기를 자주 듣는다."며 빙그레 웃는다. "당신, 특이한 구석이 있어." 란 말을 들으면 기분이 새롭다. 어디서 본 듯한, 누군가와 비슷한 사람이 아니라 '정이찬'이란 사람이 있다는 평가라서다. 타고난 개성이 있지 않는 한, 각자의 정체성을 찾고자 노력해야 한다고, 그는 의미심장하게 되묻고 있다.

정이찬은 대학 졸업반일 때 번개를 맞은 듯 진로를 결정했다. 지금도 생소한 직종의 하나인 네이미스트가 되기로 마음먹은 것이다.

"주변 사람들은 어떤 직업을 가질까, 늘 고민하면서도, 스스로 어떤 답을 얻지 못하는 것 같아요. 누구나 인정하는 최선의 길, 즉 남들이 보기에 '음, 그 정도면 좋은 직장이야', '거기 보수 괜찮지?'라고 부러워하는 길만 쳐다보죠. 내가 직장을 구하면서 누군가와 다른 길을 가겠다는 거창한 생각을 한 것은 아녜요. 다만 이런 생각은 정리해 두고 있었죠. 내가 정말 즐기면서 잘 할 수 있는 길을 가겠다는 다짐이죠."

그의 직장 구하기는 다분히 특색 있다. 이력서 제출→필기 시험→면접 등 모든 절차를 무시했다. 배짱도 넘친다. 먼저 국내에서 잘 나가는 브랜드 네이밍 회사를 검색했다. 그 중 잘 나가는 회사를 지목했고, 회사 대표의 이메일을 알아낸 뒤 직접 이력서를 보냈다. 그때 보낸 이력서엔 이런 자기 PR을 적었다고 했다. "지금 당신의 회사에는 체계적인 네이밍 부서가 없다. 내가 입사해 그 부서를 만들고 싶다. 그렇다면 정이찬이란 젊은이가 꼭 필요하지 않겠느냐?"는.

"당시의 난 주눅 들어 살기보다는 '오만'이 필요한 20대였죠. 누군가 내게 너무 건방진 것 아니냐고 묻는다면, 본격적으로 세상과 부딪히기 전인데, 그럴만한 배짱이 없는 게 더 이상한 것 아니냐고 말해주고 싶네요."

오만했던 당시의 결과? 대표는 그 배짱을 마음에 들어 했고 그렇게 정이찬은 회사의 아르바이트를 시작했다. 그를 위한 정식 책상은 주어지지 않았지만, 학교를 마치면 마치 그 회사가 놀이터인 냥 놀러갔다. 아르바이트 기간 동안 그는 신이 나 있었고, 뭐든 배우겠다는 생각에 가득 차 있었다. 3개월 정도가 지난 후 그는 정식 네이미스트가 됐다.

화요, kitchen bach, 사랑초, 힐스테이트……. 그가 지었고, 그가 사랑하는 이름들이다. 작명이 개인의 이름을 짓는 것이라면, 네이밍은 한 브랜드의 이름을 짓는 것이다. 브랜드의 오리지널리티를 가장 충실하게, 또 오래 기억되게 만드는 게 네이미스트의 일이다.

네이미스트는 호기심이 필수다. 세상만사에 온 몸과 마음을 열어야 한다. 호기심이 많은 건 장점이지만, 그렇다고 팔방미인이 될 필요는 없다. 모든 걸 잘하려는 누군가보다 한 가지에 몰입한 사람들이, 그래서 좀처럼 넘볼 수 없는 이들이 존재한다. 내가 못하는 분야에선 꼴찌여도 상관없지만, 내가 좋아하는 일에선 1등을 하겠다는 자신감이 있어야 한다. 그러기 위해서 정이찬이 결정한 방식은 '철들어 살지 않기'였다. 어른들은 나이 들면 제발 철 좀 들고 살라고 말하는데 그와 반대로 걷겠다니 어떤 설명이 가능할까.

"군대를 제대한 뒤 잠깐 철들뻔한 적이 있어요. 남들이 사는 방식, 남들이 인정하는 방식에 타협하고 안주할 뻔 했죠. 그런데 철이 든다는 건 내가 아닌 누군가에게 나를 맞추는 일이에요. 난 특이하고 싶고, 특이하다는 얘기를 듣는 게 좋아요. 그건 태어날 때부터 남과 달라서가 아니라, 철이 들기를 자의적으로 포기했고, 의도적으로 나만의 삶의 방식을 찾아야 된다는 삶의 숙제가 있기 때문이죠. 철이 들면 주변 누군가는 편하겠죠. 그러나 철이 든다는 건, 한편으로 자신을 잊어간다는 해석이 가능해요. 어느 것을 선택하느냐는 사람에 따라 다르겠지만요. 난 당연히 철들기를 포기한 거고요(웃음)."

정이찬이 매일 외우는 주문이 있다. 그 주문은 이제 그의 삶을 창의적으로 이끄는 구호가 된 듯 했다.

"Never have an ordinary day 단 하루라도 평범한 삶을 살지 말라"

내 이름 석 자가 곧 브랜드다. 정이찬은 늘 또 다른 기회를 모색하며, 그의 말을 빌리면 더 큰 물에서 놀기 위한 생각에 골똘한다.

"첫 직장은 분명 나를 키워줬지만, 그렇다고 안주하는 게 답은 아니란 생각을 했어요. 내가 지닌 끼를 펼치기엔 한편으로 조직은 한계가 있어요. 재충전의 시간도 필요했고요. 결국 더 큰 꿈을 꾸기 위해 회사를 보류한 거죠. 이것도 오만한 건가요? 난 언제나 조직보다는 정이찬이란 존재가 우선이란 걸 잊지 않고 살거든요."

그는 조직이라는 시스템에서 한 부속품으로 소모되지 않고 나만의 엔진으로 달릴 수 있는 일에 여전히 목이 마르다. 요즘 그를 아는 주변 사람들과 미래에 대해 많은 얘기를 나눈다. 앞으로 정이찬이란 이름을 하나의 브랜드로 만들고 싶다는 '젊은 포부'를 내비쳤다.

그는 투닷(두 개의 점- 점과 점 사이는 무한대라는 의미로 그가 지어줬다)이란 애칭을 가진 친동생, 아이디어 창출과 발명, PR에 재능 있는 초등학교 동창 2명, 멘토 격인 선배들의 조언 속에 자신만의 회사를 꿈꾸고 있다. 벌써 이름도 지어졌다. 2bros design.

정이찬 본인을 비롯, 각자의 이름과 애칭 속에 숫자 2가 들어간 형제들brothers이 만드는 혁신적인 제품 디자인 회사가 목표다.

"몇 년 뒤, 혹은 몇 십 년 뒤? 나만의 브랜드가 탄생하는 시간은 빠르면 좋겠지만, 조급하지는 않아요. 스스로 무언가를 계획하고 준비하면서 꿈을 꾼다는 사실이 나를 두근거리게 만들어요. 삶에 스스로 개척할 길이 있다면, 늘 그걸 만들어가는 중이니까, 그게 소중한 거죠."

당신은 성공한 사람이냐고 물으니, 아직은 아니라고 했다. 대신 이렇게 되물어 달라고 했다. "당신은 행복한 사람인가?"

"그건 분명해요. 주변에서 평가할 때, 나보다 잘 나가고 큰 돈을 버는 사람들이 있지만, 절대 그들 앞에서 주눅 들거나 위축되지 않아요. 왜냐면, 누군가처럼 이름을 알리거나 성공하지는 못했지만 그래도 난 남과 다르게 살기 위해 노력 중인 걸요. 무엇보다 난 가슴 뛰는 일을 쉼 없이 계획 중이니까요."

누군가처럼 이름을 알리거나 성공하지는 못했지만 가슴 뛰는 삶을 사는 당신은… '행복한 사람'입니다.

삶의 트릭에
결투를
신청하라

Part 3

touch
12

열정을 부르는 단순함

세계적인 패션 아이콘 조르지오 아르마니는 타고난 천재였을까, 아니면 재능을 만들어나간 평범한 사람이었을까. 그를 면밀히 지켜본 사람들에 따르면 후자에 가깝다. 더 정확히 말하면 조르지오 아르마니는 자신이 가진 몇 가지 재능 중 하나가 정해지면 거기에 집중해 성공 신화를 일궜다고 한다.

아르마니는 군더더기 없이 딱 한 가지를 터치한다. "삶을 단순화하라.", "불필요한 것들은 정리하고 지금 필요한 딱 한 가지에 집중하라."

누구나 한 벌 쯤 갖기를 원하는 조르지오 아르마니의 그레이 정장이 있다. 아르마니 정장 하면 각인되는 그 그레이 색상은 한편으로 조르지오 아르마니를 상징하는 키워드다. 아르마니에게 그레이 색상은 단순화를 뜻한다. 불필요한 것은 모두 제거하고 꼭 필요한 것만 남겼다는 의미다.

조르지오 아르마니 역시 삶에서 단순화의 과정을 거쳤다. 아르마니는 여러 재능이 있었지만, 매번 하나를 선택했고, 거기에 책임을 다했다.

아르마니는 크게 세 가지의 재능을 드러냈다. 영화를 좋아했고 부러움 받는 외모를 지녔던 그는 한편으로 배우가 되고 싶었지만, 어려운 가정 형편에 누를 끼칠 것을 걱정해 스스로 꿈을 접었다.

두 번째 재능은 잘 알다시피, 미적 패션 감각이다. 어린 시절 아르마니는 디자인에 뛰어난 재능을 보였다. 특히 손을 이용해서 노는 걸 좋아했고, 뭐든 뚝딱 만들어냈다. 침대보의 가장자리 술을 가위로 잘라 인형의 머리를 만들어 어머니를 놀라게 했고, 어느 날 밤에는 자기 방에 작은 다락방을 만들 정도로 손재주가 좋았다. 12살에는 소꿉놀이 여자 친구와 미래의 집에 들어갈 가구들을 직접 디자인하기도 했다.

아르마니에겐 또 다른 꿈도 있었다. 『성채』라는 의학 소설에 감명 받은 그는 의사라는 직업을 낭만적으로 생각했고, 아픈 사람들을 돕는 시골 의사가 되려고 했다. 의사의 꿈을 키우던 그는 밀라노 국립대학 의학부에 들어갔다.

그러나 3학년 무렵, 의사라는 직업이 자신에게 맞지 않는다는 것을 깨달았다. 가족을 위한 책임감이 강했던 그는 의사 공부를 중도 포기하는 것을 망설였고, 결국 아들의 고민을 지켜보던 부모의 제안으로 공부를 그만두게 됐다.

아르마니의 아버지는 "자녀는 하고 싶은 걸 해야 한다."는 원칙을 갖고 있었다. 당시 아들의 모습을 지켜본 어머니는 "평소처럼 인내심을 가지고 앞으로 나아갔지만 아들의 얼굴은 슬퍼보였다."고 회고했다.

아르마니의 20대 초반은 이곳저곳을 기웃거리는 갈등의 시기였다. 아르마니 어머니의 말을 빌리면, 자신과 어울리는 일을 하지 않는 얼굴은 슬퍼 보인다. 지금 당신의 얼굴은 어떤가.

이후 아르마니는 패션 일을 시작하는데, 이 또한 자신의 재능을 살리거나, 그 일이 아니면 안 된다는 확고한 원칙이 있었기 때문은 아니었다. 의학 공부를 그만둔 그는 하루빨리 돈을 벌고, 경제적으로 독립해 부모에게 당당하고 싶었다. 아르마니의 패션 일은 그렇게 시작됐고, 운명처럼 길이 열렸다.

백화점에서 천을 고르고, 상품을 배치하던 아르마니는 "나는 아무 것도 모르는 백지상태에서 혼자 배워나갔다. 디자인 공부를 해 본적이 없어서 모든 것을 독학으로 배워야 했고, 그만큼 시간이 걸렸다."고 회고한다.

그렇다고 아르마니는 내가 왜 이렇게 먼 길을 돌아왔나 방황하지 않았고, 시간을 낭비하지 않았다.

그는 변명거리를 찾지 않았다. 딴 생각을 하지 않았고, "이 일 말고도 내가 잘 할 수 있는 딴 것들이 있을 텐데…." 라며 머릿속을 복잡하게 하지 않았다. 대신 그는 "난 디자인에 관심이 있다.", "이 일을 통해 경제적 독립이 가능하다.", "꾀부리지 않고 노력하면 이 분야의 베스트가 될 수 있다." 등 몇 가지 원칙을 세워 밀고 나갔다.

아르마니의 단순함은 "누구나 관심은 많을 수 있다. 어떤 것에 뛰어들어도 잘 할 수 있을 것 같다. 그러나 관심과 재능은 구분돼야 한다. 재능은 한 분야에 집중돼야 성공의 이름을 얻는다."고 말한다.

여러 뛰어난 재능이 있지만 하나를 선택하는 것, 선택한 일에는 시간 낭비를 하지 않은 것. 아르마니는 이를 '단순화의 성공 법칙'이라고 말한다. 단순화 과정이 있다면, 일반적인 재능을 남들보다 뛰어난 재능으로 변화할 수 있다고 말한다. 그가 말하는 단순화의 과정이란, 선택과 집중이다.

대부분 열정이 있어야 성공한다는 말을 하는데, 아르마니는 패션에 성스러운 열정 같은 것은 없다고 말한다. "디자이너로서 전날까지 마음에 들었던 것이 다음 날 계산기를 두드려보고 나서 견적에 맞지 않으면 더 이상 마음에 들지 않는다."고 할 정도로 상업적인 면모도 있었다.

만약 의사가 됐더라도 사람을 치료하고 생명을 구하는데 모든 능력을 다했을 것이라고 말한다. 패션에 대해 순수한 열정이 없고, 의사가 됐어도 무방하다는데, 지금은 어엿한 패션 제국의 아이콘되어 있다.

"삶을 누구보다 간단명료하게 정리하라."

거기 산이 있어 오른다는 말이 있듯, 아르마니는 거기 패션이 있어서 창조했다고 말하는 듯하다. 현재에 있어서 불필요한 것들을 모두 제거하고 필요한 것에만 집중했다.

아르마니에겐 그게 패션이었다. 이를 우리는 단순함이 부르는 열정이라 말한다. 그런 단순함이 있다면, 재능의 최고

치를 끌어낼 수 있다. 지극히 절제된 아르마니 슈트처럼, 성공하려면 지극히 단순화할 필요가 있다. 절제되지 않고 예쁜 것만 갖다 붙인 옷은 처음 보기엔 괜찮지만, 얼마 시간이 지나지 않아 장롱 속에 쳐 박힌다. 저가 브랜드가 될 것인가, 아니면 최고의 슈트가 될 것인가. 최고의 슈트가 되고 싶다면, 지금 당신의 진로를 방해하는 많은 것들을 단순화시켜야 한다.

touch
13 ::

오늘과 다른 내일

● **사람들은** 어제와 다른 오늘을 꿈꾼다. 내일은 어제의 못난 내가 사라진, 한층 향상된 나를 만나길 바란다.

진화론에서, '진화는 곧 진보'라는 공식에는 오해가 있다고 알려졌다. 진화는 달라지고 있다는 것을 뜻할 뿐, 이전보다 뛰어나졌다는 것을 의미하는 건 아니라는 얘기다.

'진화=진보'란 공식이 성립하지 않는다면, 당신이 추구해야 할 것은 진화일까, 진보일까.

진화론의 창시자 찰스 다윈의 삶은 진보에 가깝다. 현대 생명공학의 꽃을 피운 『종의 기원』은 다름 아닌 어제의 나를 포기하겠다는 다짐의 열매였기 때문이다.

그는 영국 캠브리지 대학 시절, 위험한 바다를 무릅쓰고 종의 분석을 위한 항해에 나서고자 했다. 그러나 다윈의 아버지는 아들이 위험한 항해에 뛰어드는 걸 볼 수 없었다. 당시 다윈은 아버지를 설득하기 위해, 또 자신의 선택을 정당화하기 위해 아버지에게 편지를 썼다.

그 내용은 "아무 것도 안 하고 머물러 있는 시간은 헛되다. 내가 선택한 삶을 사는 것이 한편으로 불안정한 삶이라고는 생각되지 않는다."는 것이다. 결국 다윈은 아버지의 허락을 받았고, 다윈의 진화론 연구는 본격화됐다.

다윈이 선택한 삶은 진화의 법칙과 닮았다. 아버지에게 쓴 편지는 삶의 진화를 위한 일종의 '자가 계획'이었고, 꾸준히 자신이 하고 싶은 분야를 찾아 나선 다윈은 "내 삶은 서서히 진화해왔다."고 말한다.

다윈이 발견한 것들 중, 한 사람의 진화 혹은 진보에 도움이 될만한 얘기들이 있다. 진화는 기본 법칙이 존재하지만, 어떤 진화도 예측할 수 없다는 것이다. 진화에는 우연과 계획, 두 가지가 모두 작용한다. 오늘과 다른 내일을 바라는 당신이 귀 기울일 말이다.

"진화 과정에서 시작부터 계획된 것은 아무 것도 없다. 어떤 종은 어떻게 살고, 생존율이 높게 계획된 것은 아니다. 진화는 모든 단계마다 새로운 법칙을 만든다. 또 전체 진화 과정에서 '자가 계획'이라는 특성을 부여한다. 환경에 맞춰 스스로 살아남기 위한 계획을 만드는 게 종의 특성이다."

 살아남기 위한 노력은 다양성의 증가로 나타난다. 침팬지, 오리너구리, 지렁이, 박테리아를 예로 들면 위로 갈수록 훨씬 복잡하지만, 그렇다고 무조건 진보했다는 것을 뜻하지는 않는다. 그보다는 각 개체별로 환경에서 살아남기 위한 다양한 적응력을 발달시켰다는 게 중요하다.

 갈라파고스 섬에 사는 다윈 핀치라는 새는 13종으로 분화됐다. 곤충을 먹는 새는 부드럽고 뾰족한 부리를 발달시켰고, 어떤 종은 강하고 짧은 부리로 곡식을 먹는 새가 되었다. 경쟁이 될 만한 다른 종의 새가 있었다면, 다윈 핀치는 훨씬 다양하고 경쟁적으로 변했을 것이다.

 지금 당신은 어떤 종류의 부리를 가지고 있는가. 지금 가진 부리가 먹잇감을 얻는데 충분히 유용한가. 주변에 막강한 경쟁자가 있어 특별한 생존 법칙이 필요하진 않은가. 지금 당신의 영역에서 살아남기 힘들다면, 당신은 적응력을 키우는 자기 계획을 만들어야 한다. 주변에 막강한 경쟁자가 있다면, 살아남기 위해 지독하게 변신해야 한다.

진화론을 당신에게 적용하면, 당신의 성공을 가로막기 위해 계획된 것은 애시당초 없다는 것이다. 당신의 성공에 방해 요소가 있다면, 당신은 변화를 모색해야 한다는 것이다.

처음부터 진보를 추구할 필요는 없다. 일단은 지금 처한 불리한 환경에서 적응력을 키우는 나만의 법칙들을 발견해야 한다. 그 단계들을 하나씩 실천해 나갈 때, 당신은 진보라는 공식을 만들어낼 수 있다.

오늘과 다른 내일을 만들기 위해, 지금 당신이 받아들여야 할 진화론의 키워드는 바로 이것이다.

"시작부터 계획된 것은 없다. 지금 주어진 불리한 환경은 당신에게 변화 혹은 삶의 수정을 요구하고 있다. 따라서 지금 당신은 지금의 답답한 환경에서 생존 가능성을 높이는 모든 것을 선호해야 한다."

touch
14

My Start up life

성공을 꿈꾸는 사람들은 항상 고민한다. 18세기의 소년이 그랬고, 21세기의 누군가도 마찬가지다. 생각컨대, 지금의 나에 만족하는 사람에게 또다른 미래는 없다.

『마이 스타트 업라이프』란 책의 부제는 '실리콘 밸리 소년 CEO의 성공 창업 스토리'다. 벤 카스노카는 12세에 소프트웨어 회사를 창립, 비즈니스계의 주목을 받았다. 사실 이 소년의 창업 성공기에는 요즘 필요한 '젊은 힌트'들이 많이 담겨있다.

가끔씩 제 멋대로 이기도 하고, 자신감이 지나쳐서 당돌해보이기도 하지만, 그걸 신세대식이라고 인정하고 나면 얻을 게 많다.

"나는 부자나 권력에 전혀 꿀리지 않아요. 왜냐구요? 나는 내가 가슴 뛰는 일을 하는 중이거든요."

자기가 하고 싶은 일을 찾아 12살에 회사를 창립한 실리콘 밸리 소년은 당돌하다. 내가 하고 싶은 일을 하는 중이라 세상 무서운 게 없다고 말한다. 그는 이렇게 당돌할 수 있는 이유가 "자신의 열정을 찾아 그것을 따랐기 때문"이라고 말한다. 이렇게 되묻는 사람들도 있을 것이다.

"제 열정을 모르면 그땐 어떻게 하나요?"

가슴 뛰는 일을 하라는 말에는 100% 동의한다. 그런데 17세 소년 소녀도 50살이 넘은 아저씨도 가슴 뛰는 일이 뭔지, 모를 때가 있다. 막연히 느낌은 오는데, 막상 실천에 옮기자니 두렵다.

소년은 열정을 발견하는 법을 다음과 같이 설명한다.

"열정을 발견하려면 당신을 가장 흥분시키는 활동, 원인, 생각, 사람 혹은 장소가 무엇인지 찾아야 한다.『몰입의 즐거움』을 쓴 심리학자 미하이 칙센트미하이는 이것을 '흐름'에 자신을 맡기는 것이라고 표현했다.

자기 열정을 발견하는 과정에서 꼭 필요한 일은 미지의 영역을 탐구하는 일이다. 그러므로 전혀 가본 적이 없는 곳으로 여행을 떠나고 전에는 생각해 본 적이 없는 일을 해보고, 한 번도 흥미를 갖지 않았던 주제와 관련한 책을 읽어보라.

실리콘 밸리 소년의 '열정' 찾기 역시 이렇게 진행됐다. 뇌에 관한 기사를 읽다가 신경과학에 흥미를 느꼈고, 교환학생 프로그램에 등록했다가 국제 여행에 대한 엄청난 열정을 발견했다.

사람들은 "어떻게 어린 나이에 창업을 했느냐?"고 자주 묻는다. 그는 사람들이 좀 더 편한 삶을 살게 만드는 경영 숙제를 하다가 짜릿한 창업 아이디어를 발견했을 뿐이라고 말한다. 그리고 그 아이디어를 여러 생각 없이 실행에 옮겼을 뿐이라고. 그는 열정을 발견하기 위한 세 가지 원칙을 말한다.

첫째, 스스로 현재 하는 일이나 방식이 맘에 들지 않는다면, 그 일로 성공할 가능성은 희박하다.

둘째, 부모와 선생님, 친구들은 당신이 열정을 발견하는 과정을 필요 이상으로 어렵게 만든다. 자신들의 열정을 당신이 대신 실현해주기를 원하기 때문이다. 이를테면, 아빠는 말이야, 네가 이런 길을 걸었으면 좋겠는데…라는 무언의 압박이다.

셋째, 새로운 경험을 찾아 떠날 때는 믿음이 있어야 한다. 새로운 재미와 아직까지 발견하지 못했던 힘이 생기리란 믿음이다. 먼저 당신 자신을 믿어라.

touch
15 ::

삶의 트릭에 결투를 신청하라

삶이 그대를 속일지라도 / 슬퍼하거나 노하지 말라 / 슬픈 날엔 참고 견디라 / 즐거운 날이 오고야 말리니…

러시아 문학의 정신으로 통하는 푸시킨의 시 『삶이 그대를 속일지라도』의 한 대목이다. 도대체 삶이 푸시킨을 얼마나 속였으면, 이런 시를 썼을까.

푸시킨은 두 번 정도 삶에 속았다. 다들 '크게' 속은 사건들이라 역사에 남을 정도다. 하나는 그가 쓴 『무신론』을 긍정한 편지가 외부에 노출되면서 유배를 당했고, 이후에도 나라의 엄중한 감시와 검열을 받았다.

누구보다 자유로워야 할 예술가의 생각이 감시에 놓이고, 한편으로 고독한 유배 생활 중에 생각과 예술적 성장을 이뤘다는 얘기가 있지만, 그때 푸시킨이 "그래, 기다리면 즐거운 날이 오리니."라며 낙관했을까?

어쩌면 초창기, 즉 유배와 감시가 익숙하지 않을 초반 즈음, 푸시킨은 예술가의 죽음을 한두 번 생각해보지 않았을까. 극단적인 생각이긴 하지만, '생각의 감시'는 푸시킨이든 보통 사람이든 잔인한 일이다.

푸쉬킨이 '제대로 삶에 속았다.'고 느낀 일은 다름 아닌 애정관계에서다. 그는 수많은 아름다운 여인을 사랑했고 그 마음을 글로 남겼다고 한다. 모든 애정 관계가 그렇듯, 그 마음을 오롯이 받아준 여인이 있는가 하면, 그 애정을 이용한 이들도 있고, 편지지를 구기듯 깔아뭉갠 여자도 있었다.

정작 푸시킨은 아내에게 큰 속임을 당했다. 그의 아내가 한 프랑스인과 염문을 뿌렸고, 푸시킨은 그 프랑스인에게 결투를 신청했다. 결국 이 대결에서 푸시킨은 치명상을 입고 사망했다. 37살 때의 일이다.

19세기 유럽을 배경으로 한 많은 영화에서 나오듯, 당시에는 애정 관계에 문제가 생기면 결투를 신청하는 풍습이 있었다. 일종의 '기사도'였겠지만, 결투란 게 한 쪽은 치명상을 당하므로 비극적인 일이 아닐 수 없다. 다만, 삶이 그대를 속였을 때, 피하지 않고 당당하게 1:1 결투를 신청하는 장면엔 박수를 보낼 만하다. 푸시킨의 죽음은 애석하지만, 삶이 푸시킨을 속였을 때 대응은 당당했다.

그러나, 여전히 삶은 우리를 속인다. 개성과 취향 중심의 시대가 왔다고 말하면서, 온갖 점수와 평가표 때문에 주눅 들게 만든다. "무엇보다 내면이 중요하다."는 말을 믿고 내면을 키웠는데, 성형 미인들이 구애를 받는다. 대학 졸업장만 따면 직장을 구할 줄 알았는데, 백수 40만 시대가 되고, 대기업에 들어가면 안락할 줄 알았는데, '내 꿈은 뭘까', '내가 진정 원하는 일은 뭐였지', '이대로 살면 되는 걸까'란 질문이 꼬리에 꼬리를 문다.

요즘처럼 '골드미스'가 활개 치는 시대에는 현모양처란 말이 속임수의 하나가 될 수 있다. 한 눈 팔지 말고, 좋은 대학에 들어가서 정갈한 신부수업을 받으면 백마 탄 왕자가 나타난다? 자기 일에 능력 있는 여자라서 대접을 받을 줄 알았는데, 노처녀 신세라 결혼하기가 어렵다. 그렇게 여러모로 삶은 바뀌고, 또 우리를 속인다.

누군가는 내가 말하는 이 길이 있고, 그 길만 잘 따라오면 모든 게 잘 풀릴 것이라고 말한다. 그래서 그 길만 걸었던 이들이 많다. 물론 누군가 말한 길을 따라 걸어 성공한 이들이 있겠지만, 성공의 수치는 10%를 넘지 않을 것이다. 나머지 90%는 다른 길을 걸어야 한다. 거기서 또 10%가 탄생할 것이고, 또 스스로 걷는 길에 10%가 탄생할 것이다.

삶이 또 누군가가 그대를 속일 때, 그대가 해야 할 일은 '결투 신청'이다. 푸시킨은 『삶이 그대를 속일지라도』란 시에서 "괴로워하지 말라, 때가 오면 즐거운 날이 오리니."라고 했지만, 정작 세상이 그를 속였을 때, 그는 기다리는 대신 '결투'를 신청했다. 문학적인 유배와 감시를 당했을 때는 더 치열하게 내면으로 들어가 문학적 성숙을 이뤘고, 아내의 염문설이 불거졌을 때는 말 그대로 '결투'를 신청했다.

삶은 속임의 연속이다. '삶은 원래 그런 거야.'라고 말할 때 그대를 더 속이고 속이기 쉬운 상대로 전락한다.

그러나 삶의 속임수에 '결투'를 신청할 때, 삶이 다시 속이려 들겠지만 호락호락하지 않은 대응에 움찔하지 않을까.

그렇게 되면 결투에서 지더라도 당당한 마음을 가질 수 있으며 또 결투를 신청할 때, 결국 승자가 될 확률이 높다.

삶이 우리를 속인다고 생각하는 순간, 우리를 속이려는 상대와 속임수를 똑바로 응시하라. 그리고 피하지 말고, 그에게 결투를 신청하라. 누가 이기나, 내기를 걸어도 좋다. 결투를 신청한 당신에게 한 표를 던진다. 혹시 졌더라도, 상처 속에서 소중한 뭔가를 배울 것이다. 만약 이긴다면 이기는 것으로 족하다. 매 순간 결투를 신청하는 젊음은 그 무엇보다 아름답다.

삶이 우리를 속인다고 생각하는 순간,
우리를 속이려는 상대와
속임수를 똑바로 응시하라.
그리고 결투를 신청하라.

touch
16

정글에서 살아남는 법

'헬리콥터 부모'라는 신조어가 있다. 자녀가 어른이 돼도 계속 그 주변을 맴도는 부모를 일컫는 말이다. 헬리콥터 부모는 대학 생활에 관여하고, 직장을 구하는 일에도 참견한다. 자녀는 스스로 서는 법을 모른다. 늘 부모에게만 의존한다.

샐러리맨의 녹록치 않은 삶과 일상 탈출을 보여준 영화 『반칙왕』에서 송강호는 직장 상사에게 헤드락을 당한다. 습관처럼 지각을 한다는 게 이유였다. 오늘도 헤드락을 당할 것인가, 아니면 멋진 역전의 기술을 선보일 것인가.

누군가는 아침 7시 회사에 출근해서 간단한 웨이트 트레이닝을 하고 의욕적인 하루를 보낸다. 그들은 에너지가 넘친다. 그런데 반대의 누군가가 있다. 학교에 가기 싫어 배탈이 났다고 꾀병을 부리는 초등학생처럼, 배가 슬금슬금 아프고 회사에 가는 대신 딴청을 피운다. 그러니 매일 지각이다. 상사에게 안 들어도 될 욕을 먹으며 심기 불편한 하루가 시작된다. 그러니 에너지가 생길 턱이 없다.

『반칙왕』에서 상사는 헤드락에 걸린 부하 송강호의 숨을 막히게 하면서 이런 말을 한다.

"사는 게 그렇게 쉬워? 세상은 정글이야, 정글!"

우리가 동의하든 하지 않든, 세상은 정글과 닮았다. 심약한 사람은 언제나 누군가의 먹잇감으로 던져진다. 이제 그 애처롭고 무기력한 삶을 벗어날 때가 됐다.

어니스트 톰슨 시튼은 『시튼 동물기』로 우리에게 잘 알려져 있지만, 그의 생애는 동물의 세계보다 더 파란만장했다.

유명인이나 정치인 중에 다큐멘터리 『동물의 세계』를 즐겨보는 사람들이 많다고 한다. 약육강식의 세계가 실제 사회와 닮았다고 생각하기 때문이다.

정작 시튼의 생애에서 정글의 질서랄지, 그 속에서 살아남는 법은 포함되지 않았다. 시튼의 자서전에는 '야생의 질서'

편이 있는데, 그 내용은 다람쥐를 사냥하려다 어미 다람쥐를 죽이고 새끼들이 남았는데, 양심에 가책을 느껴 새끼들을 어미 고양이 품에 옮겼으나 결국 일주일이 채 안 돼 모두 죽었다는 것이었다. 시튼은 당시를 이렇게 기억한다.

"우리가 동물을 죽인 것은 단순한 충동 때문이었지만, 고양이의 행동은 연민에서 나온 것이었다. 나는 작은 새끼 다람쥐의 시체를 보며 하염없이 눈물을 흘렸고, 양심의 가책을 받았다. 나는 친절한 늙은 어미 고양이에게 비난받아도 싼 아이였다."

시튼은 각자의 영역에 맞게 삶을 살아가는 것이, 그리고 그 속에서 살아남는 것이 곧 정글의 법칙이라는 것을 말하고 있다. 시튼은 정글에서 살아남기 위해서는 본능대로 살아가라고 주문한다.

시튼은 어린 시절 병마와 싸우면서도 야생동물을 관찰하는 흥미를 잃지 않았다. 가난 속에서 화가로서 미래를 꿈꾸기도 했다. 그러나 정작 시튼의 가슴 속은 늘 하나의 충동으로 들끓었다. 결국, 전도유망한 화가의 삶을 포기하고 다시 야생의 세계로 돌아갔다.

어려서 야생동물의 세계를 접하며 박물학자가 되기를 꿈

꾸던 시튼에게 그의 아버지는 "그 따위는 돈도 못 벌고 미래도 없으니 화가가 돼야 한다."고 말했다. 하고자 하는 일은 따로 있으나, 안정된 길을 걸으라는 우리 주변의 조언과 너무 닮지 않았는가.

16살 시튼은 주변의 조언대로 그림을 배우고 런던 유학을 떠나게 된다. 경쟁은 치열했고, 거기서 살아남기 위해 시튼은 하루도 빠짐없이 그림에 매달렸다.

그러나 동물원에 가는 일, 자연사와 관련된 책을 읽는 일의 즐거움이 조금씩 그를 충동질했다. 그러던 어느 날 시튼은 "처음엔 이상하고 잘 알아들을 수 없는 웅얼거림이었는데, 어느 순간 길고 뚜렷한 목소리를 듣게 되었다."고 고백한다.

"이것은 네가 걸어야 할 길이 아니다. 지금부터 일 년은 캐나다 서부의 대평원에서 보내게 될 것이다. 거기서 너는 건강을 되찾을 것이고, 고질병에서 벗어나려는 네 소원을 이룰 것이다. 너의 미래는 캐나다도 아니고 런던도 아니다. 대평원으로 가라. 거기에서 기쁨을 맘껏 누려라. 네 길을 찾을 것이다."

운명이 그를 부른 것이다. 시튼은 자신의 길이 아닌 주변 누군가가 만들어놓은 길에 잠시 몸을 맡겼다. 그러나 그의 가슴은 해야 할 일을 한 순간도 잊은 적이 없었다.

시튼에게 들려온 목소리는 자신의 계획을 한시도 잊지 않는 사람에게 가능한 일이 아닐까.

시튼이 말하는 '정글에서 살아남는 법'은 이렇게 정리할 수 있다. 당신도 어느 날, 가슴이 전하는 목소리를 들을 수 있어야 한다. 그게 바로 '정글에서 살아남는 법'이다.

"누군가의 계획이나 조종에 따르지 마라. 언젠가 부모의 품에서 벗어나야 할 시기가 있다는 것을 직감하라. 스스로 즐거운 일을 하라. 거기서 너의 길과 미래를 찾을 것이다".

누군가의 계획이나 조종에 따르지마라.
스스로 즐거운 일을 하라.
거기서 너의 길과 미래를 찾을 것이다.

touch
17

양떼는 앞만 보고 달린다

양떼는 앞만 보고 달린다. 맨 앞의 양은 먹이를 보고 달리고 뒤따르는 양들은 앞의 양이 달리기 때문에 멋모르고 달린다. 맨 앞의 양이 노리고 있는 목표물이 뭔지도 모른 채 쫓아가는 대다수의 양들은 이탈하지도 않고 게으름을 피우지도 않는다. 혹시나 홀로 뒤쳐질까 두려워 그저 죽도록 열심히 내달린다. 어쩌다가 그 무리에서 달리기를 거부하고 이탈한 양이 있다면 그 양을 걱정하거나 비웃는다. '넌 낙오자야. 왜 우리처럼 달리지 않지?'

고수일수록, 앞서서 달려 성공한 이들일수록 자신들의

고난에 대해 늘어놓기를 좋아한다. 우리는 그들의 고난과 역경과 그것을 이겨나간 노력과 용기에 박수를 보내고 감탄하며 그를 흉내 내보려고 애를 쓴다. 그의 자서전을 읽고 그의 방식을 따라해 본다. 그리고 그가 얼마나 많은 눈물과 땀을 흘렸는지 기억한다. 우리는 그의 고난에 경의를 표한다. 그리고 나와 그의 차이는 아직 내가 흘린 땀이 부족하기 때문이라고 생각하고, 끊임없이 노력한다.

만약 이런 방식이 성공을 향한 당신의 지향점이라면 당신은 생각을 바꿔야 한다.

작가 로버타 진 브라이언트는 20여 년 동안 수천 명의 작가 지망생들을 가르쳐왔다. 그녀의 강의를 들은 예비 작가 중 하나인 앤은 로버타에게 칼럼니스트가 되고 싶은 바람을 내비쳤다. 그러자 로버타는 아주 간단 명료한 몇 마디를 그녀에게 던졌다.

"정말 칼럼니스트가 되고 싶어요? 간단해요. 칼럼니스트가 되고 싶다면 칼럼니스트처럼 행동하는 거예요. 칼럼을 쓰세요."

로버타의 충고대로 앤은 26주 동안 매주 한편씩 칼럼을 썼다. 그리고는 자신의 글이 실리기를 원하는 신문에 매주 칼럼 원고를 보냈다. 앤은 한편으로 미심쩍어하면서도 신문사에 매주 한편씩 칼럼을 보냈는데 그렇게 19주가 지나자 신문사에서 이 예비 작가에게 연락을 해왔다. 고정 칼럼을 맡기겠다는 것이었다.

로버타는 그녀의 성공을 당연하게 생각했다. "축하해요. 해낼 줄 알았어요."

앤은 로버타의 충고대로 칼럼니스트처럼 행동했고, 실패하려야 실패할 수 없는 것처럼 행동했다. 앤은 마치 신문의 청탁을 받고 정기적으로 글을 쓰는 칼럼니스트처럼 꾸준히 글을 써서 보냈고 결국 앤의 믿음대로 되었다.

앤은 스스로 'No'라는 답을 받아들이지 않았다. 칼럼을 보내기 시작한지 19주까지 신문사에서는 아무런 반응이 없었지만 앤은 끝까지 자신이 칼럼니스트라는 사실을 의심하지 않았다. 앤의 생각이 먼저 앞서가서 칼럼니스트가 되어 버린 것이다.

앤이 단숨에 고정 칼럼니스트가 될 수 있었던 이유는 스스로 거절당할 생각을 하지 않았기 때문이다.

만약 앤이 '실패는 성공의 어머니'라는 충고를 염두에 두고 칼럼을 썼더라면 그녀는 26주가 훨씬 지나서도 실패를 거듭하며 '그 언젠가'를 기다리고 있었을 것이다. '실패는 성공의 어머니'이니까 실패해도 괜찮다고 생각하면 또다시 실패하게 된다.

패턴은 반복된다. 거듭된 실패 끝에 성공이 오게 된다는 식의 생각이 패턴으로 자리 잡고 나면 일단 초반의 실패는 기정사실화 된다. 성공은 아주 멀리 있고 그 언젠가는 영원히 오지 않을지도 모른다.

성공은 그것을 당연히 여기며 기꺼이 받아들이는 쪽에 먼저 돌아간다.

지금 내게 주어진 능력과 환경으로도 충분하다는 자신감, 그런 자만에 힘을 실어주자. 당당하고 당연하게 '지금 가능하다'는 사실을 믿어라.

지금 당장 성취해라. 그리고 우연한 행운이라며 겸손해하거나 빨리 얻은 것이라서 빨리 잃을지 모른다며 두려워할 필요는 전혀 없다. 행운을 향해 넓고 큰 문을 열어놓았을 뿐이다. 크고 좋은 것을 받아들이는데 있어 주저하지 마라. 우리는 충분히 그럴 자격이 있다.

스티븐 스필버그는 17살에 정장을 차려 입고 자신이 진짜

감독인양 유니버설 스튜디오를 들락거렸다. 그가 17살에 '나는 아직 한참 멀었어.'라면서 먼발치에서 스튜디오 구경이나 하고 있었더라면 그는 훨씬 더 늦게 세상에 나타났거나 어쩌면 아직도 멀리서 스튜디오 구경이나 하고 있을지 모른다. 절대로, 실패를 꿈꾸지 마라. 실패가 성공을 낳는다는 거짓 보장이 도대체 어디에 있단 말인가.

자전거를 탈 때 '넘어지지 말아야지.'라고 생각하는 사람이 넘어질 확률이 더 높다고 한다. '절대로 네 머릿속에서 그 사람을 떠올리지마.'라고 지시할수록 우리는 더 선명하게 그 사람을 떠올리게 된다. 실패가 성공의 어머니라고 믿고 있다면 거듭된 실패를 뻔히 불러오게 된다.
실패를 당연히 여기고 그것을 거듭할수록 성공에 가까워지는 게 결코 아니다. 생이 지루할 만큼 길다고 해도 이왕이면 성공 끝에 또 다른 성공을 불러오는 게 낫지 않은가.

'인내는 쓰고 열매는 달다'는 그럴듯한 명언을 잊어라. 달콤한 열매를 만들기 위한 과정도 이왕이면 달콤한 게 좋다. 성취의 과정을 역경과 인내 그 자체로 여기는 잘못된 신념에서 벗어나라. '그 언제인가'를 늦추려는 심리는 기꺼이 쓴 과정의 수고를 견뎌내기 꺼려지기 때문이다. 많은 사람들이 똑같이 한목소리로 그것이 진리라고 말하더라도 귀담아 듣지 마라.

정말로 힘들게 고생해서 뭔가 해냈다는 말에 경의를 표하되 그것을 내 삶의 샘플로 놓을 필요는 없다.

"상대에게 지는 것보다
나와의 싸움에서 지는 게 더 두렵다"
_K-1 파이터 김민수

　링 위에 오르면 가장 두려운 게 뭔가? 이런 질문을 하면서 내심, 나보다 강한 상대 혹은 주먹을 만나 얻어맞는 것이란 대답이 나오지 않을까 예상했지만, 정작 김민수는 이런 뜻밖의 답을 내놨다. "맞는 것보다는 누군가에게 지는 게 두렵다. 경기에 지면 울분을 삼킨다." 김민수는 링은 인생이라 말한다. 링이 그저 링이 아니고 인생이란 그의 말은 자신이 선택하고 걸어온 길이 그렇게 단순 명료하게 정리되는 것이 아님을 말하고 있다. 김민수는 싸움 중이다. 링 안팎에서, 그리고 누구에게나 죽기 전까지 싸움은 끝난 게 아니듯이 삶 속에서 싸우고 있다.

　동의하든, 동의하지 않든, 삶은 정글이다… "큰 덩치, 파인애

플 크기만 한 주먹에 어울리지 않게 순하고 여린 구석을 가진 사람." 주변에서는 김민수를 두고 파이터란 이름이 무색하게 이런 평가를 내리곤 한다. 직접 만난 그의 얼굴, 즉 터프한 인상 뒤엔 여린 캐릭터가 숨어 있다. 평상 시 김민수의 눈빛은 강하다기보다 순하다. 그런데 상대를 만나면 야수로 변하는 그의 눈빛은 어디에서 비롯된 것일까. 두려움을 감추기 위한 자기 암시? 강한 자만이 살아남는 세계에서의 생존 본능? 야수들 사이에서 벌어지는 주도권 다툼을 위한 으르렁거림? K-1은 '야수의 세계'를 다룬 다큐멘터리처럼 강자와 약자가 분명이 나뉜다. 약한 자는 지고 강한 자는 이긴다. 이런 이분법적인 규칙에 팬들이 열광하는 것은, 어쩌면 그들의 삶이 링을 떠올리게 해서인지 모른다.

승부는 이길 수도 질 수도 있다. 언제나 링에 오를 준비를 하고 링에 올라서는 자신이 가진 모든 것을 건다. 삶이 어쩔 수 없는 싸움이라면, 그들은 늘 싸울 준비를 하고, 최선을 다한 싸움을 한다. 자신보다 강한 상대에게 맞는 두려움을 없애려고 맷집을 키운다. 맷집은 삶에 비유하면 '경험'이다. 한 두 번의 싸움에서 마음까지 패배하지 않았다면, 그 경험이 축적될 때 강해지고, 눈빛은 날카로워진다. 싸워 본 사람만이 이기는 법을 안다.

정말 두려운 건 나와의 싸움에서 지는 것… 링에 오르면 가장 두려운 게 뭐냐고 묻자, "얼굴이 찢어지고 눈두덩이 무너지고 코가 깨지는 건 두렵지 않다. 정작 두려운 건 패배다."고 말한다. 언제 가장 두렵냐고 물었다. "경기 하루 전 날이다. 모든 결과는 다음 날 결정되기 때문이다." 그의 말에 감탄하면서도, 다시 한 번 사람이면 누구나 갖는 두려움을 확인하기로 했다. 강한 상대를 만나면 도망가고 싶지 않냐, 미리 겁을 먹을 경우도 있을 텐데 그러면 싸움에서 지고 들어가는 것 아니냐, 그럴 때 당신은 어떻게 하느냐?

"어, 저 상대 너무 세잖아. 적당히 맞고 적당히 피하고 다음 무대를 준비해야지? 이런 생각은 한 번도 해 본 적이 없어요. 물론 상대에게 쉽게 못 덤비는 모습이 있지만, 그건 맞는 게 두려워서가 아니라 '패배'가 두렵기 때문이죠. 다시 말하지만, 난 맞는 게 두렵지 않고 진다는 게 무서울 뿐예요. 난 싸워야하는 파이터잖아요."

김민수의 싸움은 현재진행형이다. 그는 살면서 다가오는 두려움과 맞부딪혀 싸운다. 누군가는 두려움을 피하고, 또 잘 피해서 그게 편한가 싶을 때, 패배자의 모습이 된다. 김민수는 두려움을 극복하려면 변명 따위는 통하지 않는다는 것을 분명히 했다.

"시합이 정해지면 매일 혹독한 훈련을 해요. 내게 주어진 시간과 틀 속에서 정말 최선을 다해 준비하는 거죠. 그래야 자신감이 생기거든요. 절제와 인내가 최상의 컨디션을 만들어 주죠. 당장 오늘 쉬고 싶지만, 내일을 생각하면 오늘을 낭비할 수는 없는 거잖아요. 내가 패배하거나, 실수를 하면 어느 순간부터 사람들이 나를 두고 거짓된 얘기를 해요. 정말 두려운 건 내 선택이 누군가에게 인정을 못 받게 되는 거죠. 그건 정말 안 되는 일이잖아요."

왜 편한 길을 두고 두려운 길을 걷느냐는 물음에는 "스포츠의 세계라서 승패가 명확히 갈릴 뿐, 두려움은 포괄적으로 얘기하면 패배다. 원래 삶에는 두려움이 있는 것 아니냐. 링만 그런 게 아니라 사회가 그렇지 않느냐. 누구나 두려움을 갖고 사는데, 난 링이라는 무대 위에서 두려움과 싸울 뿐이다."고 답했다.

김민수는 "지금까지의 싸움을 돌아보면, 결국 내 가슴은 알고 있더라. 이겼다, 졌다가 아니라 과정이 어땠느냐에 따라 내 가슴이 달라지더라."고 말한다. 김민수의 경기 과정의 모습 중 인상적인 사진이 있다. 두 손을 꼭 맞잡고 눈은 꼬옥 감고, 고개를 숙인 경건하면서 비장한 모습이다.

"경기장을 지키는 신에게 기도를 하는 거죠. 오늘 시합에서 꼭 이기게 해 달라는 기도는 아녜요. 누구도 부상 없이 경기를 마치게 해 달라, 경기 끝나고 안전하게 집으로 돌아가게 해 달라고 빌어요. 격투기는 생각 이상으로 위험해요. 선수의 생명을 위협할 수 있어요. 그래서 시합 전에 '안전의 메시지'를 신에게 전달하는 겁니다."

그와 기도는 페어플레이를 말하고 있다. 자신 뿐 아니라 외국의 선수들이 고향 집으로 부상 없이 귀환할 수 있게 해 달라는 기도는 김민수가 벌이고 있는 지금의 싸움이 말 그대로 싸움질이 아니라 '도'임을 말해준다. 싸움이 싸움질이 안 되게 하는 것, 이게 링과 삶을 관통하는 페어플레이가 아닐까. 독실한 크리스천이라는 그에게 격투기 변신 전과 후 만난 신이 다르냐고 물었다.

"음, 지금 더 축복을 준다는 건 아니죠. 다만, 내 마음이 더 진실해졌으니까, 손을 모으는 시간이 많아진 거죠."

강하다는 것과 강해 보이려 하는 것은 분명 다르다. 김민수는 지금 자신이 강한 것도, 강해보이는 것도, 그렇다고 약한 것은 아니라고 말한다. 천천히, 조금씩, 초심을 잃지 않고 게으르지 않다면, 변화하고 드러날 것이라 믿고 있다. 그의 나이 35살. 격투가로서 많다면 많은 나이다. 그러나 그는 "격투가에게 정년은 없다. 쉼 없는 트레이닝 앞에서 늙었다는 생각은 들지 않는다."고 말한다. 한발 더 나가 "자기 직업에 100% 만족하는 사람이 있을까. 모두 살아가는 한 방법으로 선택한 거다. 그래도 난 지금 직업이 편하다. 사회는 수많은 사람들과 싸움을 벌이지만, 그래도 링에서는 1:1의 정직한 싸움이지 않느냐." 며 "언제가 될지는 모르지만, 그때까지는 움직이고 또 움직일 것이다."고 다짐했다.

유도선수였던 고등학교 시절의 별명은 조스. 시합에 나가면 조스처럼 상대를 한 번 물면 끈질기게 물고 늘어져서 생긴 별명이다. 파이터인 지금 그의 별명은 Mr.shark. 파이터로 변신 후 근 5년 여 쉼 없이 움직여온 그는 데뷔 전과 지금의 얼굴이 달라진 것 같다며 웃는다. 조금은 더 야수답게 변했다는 설명이다. 정작 그의 어머니는 아직도 아들의 시합을 가슴이 두근거려 못 본다.

먹기 위해 살지 말고, 좋아하는 일을 하라. 무대가 정해지면 최선을 다해 싸워라. 승패보다는 자신에게 지는 것을 두려워하라. 그 경험들이 당신을 최종 승자로 만든다. 파이터 김민수는 삶과 싸우는 법을, 그리고 승리하는 법을 그렇게 말하고 있다.

인생을 바꾸는 주문 '스탑 로스'

Part 4

touch
18

아파치 인디언의 가르침

인디언의 전쟁에는 아들과 딸의 구분이 없었다. 백인과 아파치의 전쟁 때는 아들들과 같이 말을 타고 달리던 몇몇 딸들이 전사의 명예를 얻기도 했다. 아파치 최후의 전사로 통하는 제로니모는 "언제나 적은 있다. 어느 누구도 네 친구가 아니다. 자신이 살아남기 위해 적과 싸워 이겨야 한다."고 말한다.

아파치의 이 절박한 심정은 성공에 목마른 세대들에게 그대로 유전된다.

"어떻게 강해질 것인가?"에 대한 살벌하면서도, 냉정한 질문의 답은 인디언의 가르침에 있다. 부족의 전투 교관은

"내 아들아"로 운을 뗀다. 아들과 딸이 어떻게 강해질 수 있는가를 가르치면서, 결국 세상을 믿지 말고 스스로를 믿으라고 말한다.

인디언의 자식 교육법은 '비닐 하우스형 인간'이 아닌 지독한 현실에서 살아남는 '야생형 인간'이다.

언제까지 남의 손을 빌려 살 것인가. 정말 돈이 궁할 때 "옛다, 이거 없는 돈 셈 치고 갖다 써라."는 친구를 본 적이 있는가. 삶은 당신이 선택하고 혹독한 책임이 뒤따라오는 구조다.

아파치 인디언은 적과 친구가 불투명한 세상에서 한 인간의 특수한 재능을 만들어내는 것을 목표로 했고, 그것은 뛰어난 성공을 거뒀다. 그들은 말한다. 순진하게 살기에는 세상은 너무 거칠다고.

"이 세상에서 너를 도와줄 사람은 아무도 없다는 것을 너는 알거다. 너는 무엇인가를 해야 해. 산까지 달려갔다가 되돌아오면 너는 강해진다.

내 아들아. 어느 누구도 네 친구가 아니다. 네 누이나, 아버지나, 어머니마저도. 네 다리가 네 친구이고, 머리가 네 친구이고, 눈이 네 친구이고, 머리카락이 네 친구이고, 손이 네 친구이다. 너는 그것들로 뭔가를 해야 한다."

여기까지 읽고 눈물이 핑도는 사람도 있을 것이다. 나를 도와줄 사람이 없고, 내가 모든 것을 해야 한다는 것은 사실 서러운 일이다. 그렇게 사람은 원래 나약한 존재인지도 모른다. 혼자보다는 누군가 곁에 있어야 든든하다. 하지만 이런 안락한 공식은 정글에 사는 사람들에게 어울리지 않는다. 적당히 타협하고, 적당히 양보하는 것은 '적당히' 살려는 사람에게만 적용된다. 남과 다른 자신을 만들어가는 방식은 조금 거칠어도 괜찮다. 거기서 '나'라는 브랜드가 탄생한다. 인디언의 가르침을 계속 들어보자.

"언젠가 너는 굶주리는 사람들과 함께 있게 될 거다. 그러면 그 사람들에게 먹을 것을 얻어다 주어야 한다. 어딘가를 가다가 적이 공격해오면 언덕 위로 올라오기 전에 물리쳐야 한다. 너를 쓰러뜨리기 전에 그자들에 맞거나 그놈들을 죽여 끌고 와야 한다. 그러면 부족의 모든 사람들이 너를 자랑스러워할 거야. 너는 유일무이한 사람이 된다. 모든 사람의 입에 오르내리게 되는 것이다."

우리의 성공을 방해하는 적들은 많다. 우리가 지닌 나쁜 습관은 내부의 적일 수도 있고, 시간을 낭비하는 것도 적일 수 있다. 당돌한 선언을 한다면, 우리가 하고자 하는 일을 방해하는 이들이 모두 우리의 적이다. 그럴 때 아파치 인디언의 가르침으로 각오를 단단히 하는 것은 어떨까.

"어딘가를 가다가 적이 공격해오면 언덕 위로 올라오기 전에 물리쳐야 한다."

touch
19

20%만 남기고 모두 버려라

돈이 불지 않는 이유, 결혼을 못하는 이유, 성공을 못하는 이유 등…. 이 모든 안 되는 이유들을 되게 하는 일이 청소라면 믿을 수 있을까. 다시 말해, 주변 청소를 잘 하면 돈이 따라붙고, 성공을 할 수 있다는 말에 동의할 수 있는가?

걸레 한 장 덕에 인생이 뒤바뀐 실제 주인공이 있다. 마스다 마쓰히로는 인생의 어느 순간 '나 같은 인생 살면 뭐 하냐, 그래 죽자'는 생각을 했다.

세상의 모든 불행은 그를 따라다니는 것 같았다. 사업에 실패하고 이혼까지 겪는 등 인생의 밑바닥을 거치면서 우울증에 시달렸고 자살 충동을 느꼈다. 그는 삶에 무기력했고,

손가락 하나 까딱할 힘이 없던 말 그대로 쓰레기 천지였던 자신의 방과 다를 바 없었다.

그 때 친구의 사정을 보다 못한 친구가 찾아와 방안의 쓰레기를 치우고, 방에 쌓인 그의 짐을 모두 버리기 시작했다. 방의 쓰레기가 하나씩 치워지는 모습을 보면서, 또 활짝 열린 창문을 통해 환기가 되면서, 마스다는 삶을 다시 살아야겠다는 생각이 불현듯 들었다.

그는 청소를 통해 놓았던 삶의 끈을 다시 잡았고, 자신의 방을 청소해준 친구와 함께 청소 사업을 시작했다. 그의 입을 통해 전해진 청소력을 통해 그는 인기 강사가 됐고, 그가 쓴 『청소력』시리즈는 밀리언셀러가 됐다.

그는 '다시 써내려가는 삶'을 청소에서 시작하라고 말한다. 경제학자 파레토의 20:80 법칙을 빌려, 20%만 남기고 불필요한 80%는 모두 버리라는 것이다.

"당신의 방은 자신의 얼굴입니다. 당신의 방이 더럽다면, 행운도 꿈도, 돈도 모두 도망갑니다. 그러나 청소를 하면 운이 좋아집니다."

누군가는 청소 하나로 성공한다면 매일 빗자루를 들겠다며 반발할지 모른다. 기껏해야 청소 아니냐는 것이다. 그러나 그가 말하는 청소력은 당신의 방, 즉 장소에 머무르는 얘기가 아니다.

당신이 지금 살고 있는 방이 쓰레기장이라면, 당신의 삶 역시 정리되지 않았다는 것을 뜻한다. 곧 청소력은 마음의 태도다.

방 안의 불필요한 80%를 버리듯, 내 성공을 방해하는 80%를 버리라는 게 청소력의 핵심이다. 버릴 것은 버려야 나머지 20%가 빛을 발할 수 있다. 청소가 죽을 뻔 했던 삶의 터닝 포인트가 됐다면, 당신의 어지럽혀진 삶 역시 청소를 통해 바뀔 수 있다.

『청소력』시리즈는 청소가 사람만 바꾸는 게 아니라 회사도 잘 나가게 만든다고 말한다. 일본 디즈니랜드에서 청소는 흥행이 보장된 쇼다. 600여 명이 넘는 청소 담당 직원들이 자기 담당 구역을 15분 간격으로 청소한다.

디즈니랜드는 청소 담당 스태프를 청소부라 부르지 않고 관리인이라 부른다. 청소복을 특별히 디자인하고, 청소 동작도 연출가가 고안했다. 그런 교육을 통해 "청소를 하고 있는 당신 역시 디즈니랜드에서 중요한 역할을 담당하고 있다."는 자부심을 심어주고 있다.

사람들은 디즈니랜드를 다시 방문하고 싶은 이유의 하나로 "아름답고 청결하기 때문"이라고 말한다. 청소를 '즐거운 쇼'로 만들어내는 디즈니랜드의 핵심은 '감동'이다. 청소가 감동이고, 감동은 기본을 지키는 것에서 시작된다.

사람도 마찬가지다. 삶에 쓰레기가 가득한 사람은 겉모습에서 드러난다. 늘 쓸데없이 분주하고, 한숨이 터져 나온다. 만나는 사람들, 벌여놓은 일들, 이 모두가 교통정리가 안 되어 있다. 사소한 것들에 치여 살고 고민한다면 쓰레기와 살고 있는 것이다. 정작 중요한 꿈은 쓰레기 더미 속에 파묻혀 있다.

그렇다고 당장 빗자루를 들라는 얘기는 아니다. 청소를 통해 배워야 할 것은 '기본'이다. 어지럽혀진 삶을 청소할 때, 당신이 마음속으로 간절히 원했던 기본으로 돌아갈 수 있다는 얘기다. 어느 날, 방 청소 중 소중했던 물건을 발견하듯, 깨끗하게 비워진 공간이 소품들로 다시 채워지듯, 당신도 청소를 통해 당신이 진정 원하는 것을 발견하고 채울 수 있다.

일본의 유명한 마쯔시다 전기의 창업자 역시 청소를 중요시했다. 고노스께 회장은 새해가 되면 직접 화장실 청소를 하는 것으로 마음가짐을 다잡았다. 삶에는 중요한 큰일들이 많은데, 창업자가 왜 그렇게 청소에 신경을 썼을까.

"더러운 공장에서는 더러운 제품이 생산될 수밖에 없다.", "흐트러진 상태를 바로잡을 수 있는 방법이 마음의 청소다.", "더럽다는 것은 곧 방황하고 있다는 말이다."

그는 "청소를 하지 않는 사람들은 위태롭고 표류하게 된다."고 말한다. 또 사무실에 쓸데없는 물건들이 얼마나 많이 쌓여 있느냐고 지적한다.

지금 당신의 방에 수북하게 쌓인 쓰레기 더미는 낭비를 뜻한다. 필요하지 않은 물건에 돈을 낭비한다면, 청소가 필요한 당신은 잡일에 많은 시간을 낭비하고 있는 것과 같다. 고노스케 회장은 '청소는 곧 수양'이라고 말한다.

"청소는 그 동안 다른 불필요한 일에 낭비하느라 챙기지 못했던 것과 볼 수 없었던 것, 나아가 보이지 않았던 것을 보게 해줍니다. 청소를 꾸준히 한다는 것은 자기 삶이 나아갈 방향을 알려주는 수양과 같습니다."

'닦는다' 는 말은 마음가짐과 밀접한 친척관계다. 걸레로 방바닥을 닦기도 하지만, 마음을 닦을 수도 있다. 주변이 깨끗해야, 지금 자신의 삶이 어지럽지 않아야, 진정 자신이 원하는 본업을 찾을 수 있다.

　지금 삶이 정리되지 않아서 힘든가. 그렇다면 어지럽혀진 마음을 청소할 빗자루부터 들어라. 삶의 터닝 포인트를 만드는 청소는 어려운 게 아니다. 파레토의 20:80 법칙을 기억하면 된다.

　지금 당신의 삶에서 필요한 것은 20%다. 습관적으로 쌓아둔 나머지 80%는 당신의 성공을 발목 잡는 것들이다. 그 80%를 버려라. '아깝다'는 생각을 버리고, '언젠가는 필요하겠지'란 마음을 버려라. "더러운 공장에서는 더러운 제품이 생산될 수밖에 없다."는 말이 공포영화처럼 무섭게 다가오지 않는가. 20%를 완성하기에도 당신에게 주어진 시간은 그리 많지 않다.

touch
20

꿈을 키우는 좋은 습관

● **모든** 성공한 이들이 채워진 잔을 들고 건배를 외친 건 아니다. 그들 역시 빈 잔을 갖고 태어났지만, 그 잔을 채우려 노력했고, 결국 잔을 꽉 채웠다.

태초에 빛이 있었다거나, 신성한 알에서 태어났다거나…. 즉 '태초에'란 말로 시작하는 것들은 당신에게 적합한 말이 아니다.

태초에 모든 걸 갖고 태어났는데, 무슨 노력이 필요하겠는가. 태어난 대로 그냥 살면 될 일이다. 그러나 사람들은 태초에 약점을 갖고 태어난다. 신이 강점만을 주지 않고 부족한 점을 만든 이유는 분명하다. 다 채워진 잔은 마시면 그

뿐이다. 노력할 필요도, 그다지 재미도 없다. 그러나 빈 잔은 어떤 걸로 채울까라는 재미와 채우면 어떤 빛깔일까란 호기심이 있다.

빈 잔은 어떻게 채울 것인가. 이 질문엔 '도대체'란 수식어가 따라붙는다. 그래 말은 좋다. 그런데 '도대체' 어떻게 첫 빈 잔을 채우라는 말이냐.

미국 100달러 지폐 초상화의 주인공은 벤자민 프랭클린이다. 과학자이자 철학자, 정치가로 미국의 정신으로 추앙받는 인물이다. 그러나 14살 무렵까지 그는 도덕적 결함이 많은 보통의 아이에 불과했다.

지금과는 다르게 살자고 결심한 프랭클린은 '나를 만들기 위한 계획'을 세웠다. 그 역시 어렸을 때는 우리와 다르지 않은 평범한 사람이었던 것이다. 그러나 자신을 바꾸고자 열심히 노력했다.

프랭클린은 도덕적으로 완벽해지겠다는 계획을 세웠고, 가능하다고 믿었다. 그런데 한 가지 잘못을 하지 않기 위해 조심하다보면 불쑥 생각지도 않았던 데서 실수가 나왔다. 그는 늘 정확하고 일관성 있는 행동을 하기 위해 나쁜 습관을 버리고 좋은 습관을 몸에 익히기 위한 방법들을 고안해

냈다.

한 성공한 사업가도 프랭클린과 같은 말을 했다. 담배를 끊지 못하는 모습을 보고, "성공의 길이 하나 있는데 뭔지 아세요? 나쁜 습관을 버리고 좋은 습관을 채워 가면 되는 거예요."라고 지적한 적이 있다. 성공한 사람들만이 아는 노하우가 분명 있는 셈이다.

프랭클린은 '나를 만드는 계획'의 출발점으로 13개의 덕목을 정리했다. 이어 그 덕목에 맞게 자신이 해야 할 실행 규칙을 몇 가지 덧붙였다. 그리고 철저하게 이를 지켜 나갔다.

물론 그걸 따라 하기는 쉽지 않다. 성공한 사람과 성공하지 못한 사람의 차이가 있다면, 그건 알면서 안 한다는 것이다. 모르면 모른 대로 살겠지만, 알면서 게으른 건 성공을 방해하는 '죄악'이다.

이렇게 생각해보자. 우리 삶에서 중요하다고 생각하는 키워드는 몇 개 인가. 만약 10개라고 하자. 거기에 규칙 두 가지씩을 붙이면 20개의 인생 규칙이 생긴다. 그 20개를 매일 지켜나가면 당신은 성공할 수 있을까, 없을까. 못 지키는 게 문제일 뿐, 20개의 공식만으로도 성공의 잔은 넘치도록 충분하다.

재미난 규칙들이 눈에 띤다. "배부르게 먹지 말자."라거나 "건강과 잠자리를 위해서만 잠자리를 하자. 몸이 해가될 정도의 잠자리는 갖지 말자."는 얘기들이 바로 그것이다. 우리와 똑같은 고민을 그도 했던 것이다.

짐작하겠지만, 이런 규칙들은 지키는 게 쉬운 일은 아니다. 프랭클린은 이 덕목들이 자연스러운 습관이 되도록, 또 작심삼일이 되지 않는 방법을 강구했다.

먼저 한꺼번에 전부를 얻기 보다는 한 번에 하나씩 집중했다. 첫 덕목이 완성되면 두 번째 덕목을 완성하는 식이다. 덕목의 나열 순서는 이루기 쉬운 것부터 어려운 순으로 정했다. 첫 덕목에서 실패하면, 사람들은 쉽게 포기하고 하기 싫어한다. 이를 감안하면 프랭클린의 방법은 현명했다.

다음으로 그가 중요하게 생각한 것은 '점검'의 기술이다.

"하루의 행동을 오늘 한 일이 무엇인지, 할 일을 빠트린 것은 없는 지, 규칙에 어긋난 것은 없는 지 등 3가지 측면에서 생각해보되, 생각해보지 않았으면 잠들지 말라."

그는 점검을 위한 수첩을 만들었다. 일주일 동안 7칸을 만들고 잘못한 게 있으면 검은 점을 찍고 반성했다. 이런 일은 매일 저녁마다 이뤄졌다.

주마다 한 덕목을 점검했으니 13개의 덕목을 반성하는데 13주가 걸린다. 그렇게 일 년에 4번 반복할 수 있다. 이렇게 반복하다보면 점 하나 찍히지 않은 깨끗한 삶의 수첩을 갖을 수 있다.

"잡초를 한 번에 다 뽑아내려고 하면 힘이 들어요. 한 번에 한 구석씩 뽑고 그 구석이 끝나면 다음 구석으로 옮겨가는 거죠."

인상에 남는 잠언들을 기록해 매일 절절한 기도 문구로 삼기로 했다. 또 24시간, 즉 하루를 어떻게 쓸 것인가에 대한 스케줄 표를 적었다. 젊은 프랭클린의 삶에는 낭비가 없었던 셈이다.

그는 좋은 습관을 만들어갔기 때문에 건강하고, 가난을 벗었고, 명성을 얻었으며 사람들이 이야기를 하고 싶은 사람이 됐다고 말한다. 무엇보다 "불행이나 시련이 있을 때 이겨낼 힘을 얻었다."고 고백한다.

완벽한 인간이 될 필요는 없고, 그걸 꿈꿀 필요도 없다. 프랭클린이 인정했듯, 군데군데 허점이 있는 인간이 매력적이다. 단, 허점이 치명적 약점이 되고, 그 약점을 만드는 나쁜 습관은 반드시 고쳐야 한다.

좋은 습관을 만드느냐, 아니냐는 결국 자신의 삶을 사랑하느냐, 아니냐의 질문과 맞닿는다. 자신의 삶을 사랑하고 있느냐고 프랭클린은 묻고 있다.

"당신의 인생을 사랑하십니까? 그렇다면 시간을 낭비하지 마십시오. 인생이라는 것은 오직 시간으로만 이루어져 있습니다."

당신이 어떤 목표를 이루고자 한다면, 어떻게 해야 할까. 프랭클린은 이렇게 말한다.

"나쁜 습관을 버리고, 그 자리에 당신의 성공에 필요한 좋은 습관을 채우면 됩니다."

touch
21 ::

인생을 바꾸는 주문 '스탑 로스'

뉴욕의 보잘 것 없던 불행한 청년. 트럭 판매사로 자신의 직업을 경멸했던 불행아. 데일 카네기의 젊은 시절 자화상이 이랬다면 믿겨지는가?

카네기의 20살은 암울했다. 진드기와 함께 셋방에서 살았던 카네기의 '젊음'으로 영사기를 돌려보자.

카네기는 20대 초반을 "뉴욕에서 한낱 보잘 것 없는 불행한 청년이었다."고 고백한다. 충격적이다. 성공에 대해서 누구보다 잘 안다고 생각했던 그가 '누구보다 불행한 청년'이었다니 말이다. 카네기는 트럭 판매사였다. 그런데 트럭에는 전혀 관심이 없었고, 자신의 직업을 경멸했다고 고백한다. 자, 이쯤되면 당신은 이렇게 해석할 수 있다. "어, 이거 지금 나의 직장 생활과 별반 다를 게 없잖아. 그런데 어떻게 성공의 대명사가 된 거지?"

카네기는 재미없는 일과를 마치고 시름에 빠져 돌아온 자취방이 또 한 번 그를 좌절시켰다며 씁쓸해했다고 한다. 허름한 자취방에는 진드기 벌레가 득실거렸다. 그 즈음 카네기의 고민이 얼마나 심각했을지 알 수 있다.

"나는 학창시절의 꿈이 수포로 돌아가 반항을 하고 있었다. 이것이 인생인 거냐? 내가 그렇게 기대했던 인생이 이것이었단 말인가? 마음에 없는 일을 해야 하고, 진드기와 같이 살며, 입에 맞지 않는 음식을 먹어야 하고, 장래에 아무런 희망이 없는, 이것이 내 인생의 전부란 말이냐?"

카네기 역시 우리와 똑같은 고민을 했던 셈이다. 단, 다른 점이 있다. 그 차이가 성공과 실패를 결정짓는다.

25살에 카네기는 인생을 다시 쓰기로 결심한다. 스스로 경멸하는 일을 집어 치우는 게 득이 됐으면 됐지, 결코 손해는 없을 것이라며 두려움을 극복하고 자신을 응원했다.

카네기는 결단을 내렸다. "어쨌든 싫은 일은 그만두자." 며 초심으로 돌아갔다. 세계적으로 유명한 '카네기 성공학'

(더불어 그에게 엄청난 부를 안겨준)은 그런 결단에서 출발했다.

카네기는 결단의 순간을 숱한 '고민'의 순간이라고 말한다. 여러 고민들은 결단을 방해하고, 결단을 두렵게 만든다. 카네기는 "어쨌든 하기 싫은 일은 그만두자."며 결단을 내렸지만, 오늘도 누군가는 "하기 싫다고 그만두면 어떻게 산단 말인가."라며 고민에 빠져 있을 수 있다. 그리고 거기서 벗어나지 못한 채 다시 다람쥐의 굴레 바퀴로 돌아간다. 카네기는 젊은 시절 겪었던 눈물 나는 고민을 반추하면서, 출발선을 고민에서 벗어나는 법으로 정했다.

쓸데없는 고민은 그만 두는 것이 좋다. 당신이 외우고 또 외워야 할 고민 해결의 출발을 알리는 주문은 이것이다.

"평균율의 법칙에 따르면, 지금 내가 하는 고민의 대부분은 일어나지 않는다. 당신이 불의의 사고를 당할 확률은 거의 없다. 평균율의 법칙에 따르면…"

그러니까 지금 고민에 휩싸인 당신을 위한 주문은 "평균율의 법칙에 따르면…"이다. 일어나지도 않은 일을 가지고 왜 쓸데없는 시간을 낭비하는가.

그렇다면 사람들은 왜 고민하는가. 사람들은 일정한 때가 되면 크든 작든 화려한 꿈을 꾸게 되는데, 그 꿈이 차가운 현실과 부딪힐 때 고민은 화려하게 꽃피운다. 지금 누군가 고민 중이라면, 그건 자신이 원하던 어떤 것이 마음대로 안 되고 있다는 방증이다.

카네기는 삶의 가장 비극적인 일 중 하나가 '도피'라고 말한다. "사람들은 스스로 싸우지 않고, 일단 벗어나려고 한다."

카네기는 한순간 편하기 위한 그 도피가 삶을 망치는 일이라고 경고한다. "삶이란 도망가는 게 아니라 그 날 그 시간을 살아가는 것이다."

지금 고민에 빠진 이들에게 전하는 고민 탈출 주문이 있다.

먼저, "있을 수 있는 최악의 일은 무엇인가"를 자문한다. 둘째, 도저히 피할 수 없는 일이라면 최악의 사태를 받아들일 준비를 한다. 마지막으로 침착하게 최악의 사태를 변화시켜 나간다.

카네기는 고민과 싸워 이길 수 있는 방법을 제시하고 있다. 모두 4가지 항목이다. 먼저 무엇에 대해 고민하는가를 자세히 기록한 후(문제는 무엇이고, 원인은 무엇인가), 내가 취할 수 있는 방법(해결법)을 기록한다. 그 다음 무엇을 할 것인지 결정하고, 그 결정은 바로 실행에 옮긴다. 카네기의 고민 타파 법은 단순하면서 명료하다. 지금 우리가 두려워하는 고민들도 위 4단계의 어느 선에 머물러 있을 것이다. 그때마다 카네기의 고민 해결법을 착실히 따른다면 고민과 싸워 이길 수 있다.

카네기는 고민하는 습관이 인생을 망치는 큰 병의 하나라며 여전히 고민하는 사람들에게 이런 주문을 건다.

"고민이 당신을 좀먹게 하지 말라. 평균율의 법칙에 따르면, 대부분의 고민은 일어나지 않는 일이다. 지금 당장 당신의 고민에 '스탑 로스'를 걸어라."

***스탑 로스** 손절매를 뜻하는 주식 용어. 일정 손실이 나면 자동으로 매도하는 기능으로 추가 손실을 막는다.

평균율의 법칙에 따르면,
대부분의 고민은 일어나지 않는 일이다.
지금 당장 당신의 고민에
'스탑'로스'를 걸어라.

touch
22

생각도 일탈이 필요하다

성공에 박차를 가하는 사람들, 가슴 뛰는 일을 하는 사람들의 얼굴은 늘 활기차다. 그들이라고 고민이 없을까. 어려움이 없을까. 그러나 그들은 전혀 그런 내색을 하지 않는다. 오히려 '나는 즐겁다, 에너지가 넘친다.'는 표정이 역력하다.

애인에게 장래를 약속하면서 "나 돈이 없다."고 말하는 것보다 "지금은 없지만 미래엔 엄청 부자가 될 거야."라고 말하는 사람이 더 인기가 있다. 신뢰가 가기 때문이다.

전자가 더 진실에 가까운데, 왜 후자를 선택하는 것일까. 사람은 기대를 줄 수 있는 사람을 원하기 때문이다. 지금은 별로지만, 언젠가는 뭔가를 보여줄 것만 같은 사람. 그건 자기 믿음에서 나오는 배짱도 같다.

물 밑에서는 숱한 물갈퀴 짓을 하고 있지만, 내색하지 않고 백조처럼 우아한 자태를 뽐내는 사람들. 그들은 소니의 의도적인 이미지 메이킹 전략, 또는 닌텐도의 성공과 닮아 있다.

소니의 기업 이미지는 '찡그리지 말고 늘 새롭게 살라.'는 주문이다. 한발 더 나아가 '브랜드 이미지를 의도적으로 키우라.'고 말한다. 소니는 눈과 귀에 호소하는 리드미컬한 광고로 어필했다. 또 창업 정신인 "아무도 하지 않는 일을 하자"를 디자인에 접목됐다. "아름답지 않은 제품에 SONY 로고를 붙일 수 없다."는 고집도 있었다. 이런 '소니다움'은 고객으로부터 '사길 잘 했다.', '다음에도 소니를 사자.'란 호평을 받았다.

'나다움'을 만들고 싶다면, 소니의 전략을 벤치마킹하라. 즉, 아무도 하지 않는 일을 생각하고, 표정과 말은 리드미컬하고 자신감 있게 지어라. 당신이 홍길동이란 이름을 가졌다고 치자. 그러면 홍길동이란 이름은 아름다운 제품에만 어울린다고 고집을 부려봐라.

그러면 누군가에게 "당신을 만나길 잘했다", "다음에도 또 당신을 만나고 싶다"는 말을 들을 수도 있다. 당신도 소니가 될 수 있다. 따라서 당신을 브랜드로 만드는 법을 연구할 필요가 있다.

요즘 대유행인 닌텐도 게임기의 개발 원칙은 너무 간단하다.

"무조건 재미있어야 한다!"

닌텐도는 "소비자에게 재미없다는 말을 들으면 끝장이다."는 배수의 진을 쳤다. 우리 삶의 제1원칙도 "무조건 재미있어야 한다."로 정하는 건 어떨까. 재미있다는 것은 재미있는 상상을 많이 한다는 것이다. 또 재미있는 상상의 기본은 남과 다르다는 것이다.

그렇다면 어떻게 해야 재미난 사람이 될 수 있을까. 상상력을 방해할까봐 사훈을 정하지 않는다는 닌텐도의 사훈(?) 같은 게 있다.

"고정적인 사고방식을 강요하는 것은 스스로 무덤을 파는 일이다."

지금 삶과 일이 재미가 없는가? 그걸 닌텐도 식으로 해석하면, 고정방식으로 살고 있기 때문이다. 마음을 열어라. 무엇 때문에 고정시키고 있는가. 생각도 일탈이 필요하다.

마음을 열어라.
무엇 때문에 생각을 고정시키는가.
생각도 일탈이 필요하다.

1%의 터치

"단 하나라도, 나만의 신선함을 창조하라"

_최연소 프로 여자 마술사 노병욱

요즘 마술은 초능력이 아닌 공공연한 비밀이 됐고, 마술의 기술은 대중화되고 있다. 그런데 "마술이란 게 다 속임수잖아."라고 말하면서도 여전히 사람들은 마술에 열광한다. 왜일까. 마술의 기본은 트릭에 있지만, 절정은 놀라운 '반전'에 있다. 마술에 대해 웬만큼 안다고 하는 그 순간, 깜짝 놀랄 '반전'이 당신을 기다린다. '반전'은 본래 모습에서 180도 방향을 바꾸는 변환을 뜻한다. 지금 밋밋하거나 답답한 현실에서 180도 다른 변환을 이루는 것. 그 변환이 자신을 비롯한 누군가를 깜짝 놀라게 만드는 순간이라면 마술은 삶의 기대치와 닮았다. 따라서 때로 삶은 마술이어야 한다.

　노병욱에게 마술이 말을 건 것은 22살 무렵이었다. 당시 덕성여대 중어중문과 학생이던 그녀는 리포터와 VJ 아르바이트를 하는 중이었고, 모 프로그램을 통해 마술사 이은결을 만났다. 새로운 자극에 민감한 나이를 감안하면, 마술은 매혹적인 세계였다. 재미 반 호기심 반으로 마술을 들락날락하던 그녀는 1년 뒤 이은결의 보조 스태프 자격으로 네덜란드에서 열린 마술 대회에 동참했고, 돌아오는 비행기 안에서 마술사가 되리라 결심했다.

　"전 세계 3,000명 정도의 마술사들이 모인 대회였죠. 이은결 씨가 마술 공연을 마치고 '엔딩' 인사를 하는데, 관객들이 일어서서 기립 박수를 치는 거예요. 마술이 누군가에게 감동을 줄 수 있다는 것에 놀랐고, 그 날 많이 울었어요. 나 역시 감동을 받은 거죠. 그때 나도 마술사가 되고 싶다는 생각이 들었어요. 마술은 누군가 시켜서가 아니라 내가 진정 하고 싶은 걸 찾아 나선 첫 분야라 더욱 소중해요."

　20대의 선택은 당당하지만, 어른들이 보기엔 무모할 수 있다.

선택이 책임을 동반한다는 것을 알기에, 어린 딸의 선택에 부모는 반대했다. "마술사는 지금 당장 화려해보일 뿐이다. 대학을 졸업하고 안정적인 길을 걸어라. 사회생활은 조금 더 나중에 결정해도 늦지 않다." 등 어른들의 논리는 한편으로 타당하다. 사회엔 안정적으로 사는 룰 같은 게 존재한다. 괜한 시비나 오해를 일으키지 않는 방식이란 게 있고, 스무 해 남짓 그녀는 그 규칙에 어긋남 없이 살았다고 했다. 그녀는 일종의 범생이 스타일이었다고 말한다. 그렇다면 22살에 마술사가 되겠다는 선언은 오답에 가깝다. 그러나 인생은 1번 혹은 2번을 맞추는 객관식 문제가 아니다. 생애 처음으로 답이 없는 주관식 문제와 마주했던 노병욱은 고민했고, 부모님께 마음을 담은 편지를 썼다.

"지난 삶과 지금 선택하려는 삶은 정반대에 가까웠어요. 그동안 정해진 규칙을 따랐다면, 이번엔 스스로 선택하는 일이었거든요. 마술에 대해 어느 정도 믿음이 있었지만, 그 믿음을 따르기엔 다른 안정적인 것들을 포기해야 됐어요. 두 가지를 모두 안고 갈 수는 없고, 한 가지에 '올인'하기엔 위험했죠. 그러나 난 20대였어요. 시행착오를 겪고, 어떤 선택이 실패하더라도 쉽게 극복하고 빨리 치유할 수 있는 나이잖아요. 부모님께 내 나이 20대란 점을 알리면서 한 우물을 파기보다는 여러 우물을 파 볼 시기이고, 30살이 되기 전까지는 여러 경험을 접하고 싶다는 편지를 썼어요. 30살이 되기 전까지는 내가 진정 원하는 일을 찾아 나서겠다고요."

노병욱은 국내 최연소 프로 여자 마술사다. 최연소란 타이틀은 그녀의 선택이 빨랐음을, 또 여자가 마술사가 된다는 게 녹록치 않은 일임을 말한다. 달콤한 성공을 말하기엔 아직 이르다. 그녀는 "성공이라고 말하기엔 앞으로 걸어야할 길이 많다."면서 "내 기준에서 성공이란 스스로 행복할 수 있는 일을 하는 것이다."고 말한다. 지금 삶에 안주하는 이들에게, 내가 진정 원하는 삶이 무엇인지 고민 없는 누군가에게, 주어진 길이 있어 그 길만 뚜벅뚜벅 걸어온 이들에게, 가슴이 뛰지 않는다는 또래에게, 그녀는 해주고 싶은 말들이 있다.

"자기 삶에 신중하라고 말해주고 싶어요. 대학에 가고, 졸업장과 동시에 직장을 얻고, 그게 평생 직업이 되면 좋은 거지만, 그 과정 속에 스스로의 고민과 선택은 드물어요. 주변의 말들과 나이에 쫓겨서 삶이 결정되잖아요. 자기 안에 있는 걸 찾기 위한 시간을 보내고, 급하게 서두르는 대신 객관적으로 자신을 들여다볼 필요가 있어요. 자신과 진심으로 대화를 나눌 때 마술 같은 순간이 찾아오는 거겠죠?"

노병욱 표 마술은 '탄탄한 스토리텔링'으로 박수를 받는다. 그녀의 마술엔 이야기가 있다. 노병욱은 하나의 액트가 만들어지는 과정을 '무한 반복'이라고 표현했다. 그 무한 반복의 과정 속에서 그녀는 모든 소품이며 의상은 직접 준비한다. 스토리를 만들고, 액트와 어울리는 음악이며 무대를 제작하는 일도 직접 한다. 10분이 채 안 되는 공연 준비에 걸리는 시간이 반년을 훌쩍 넘기기도 한다. 그녀의 설명을 들으면 무대 위 마술은 화려하지만, 무대 뒤의 과정은 피곤하고 또 피곤한 일이다. 잠을 못 자는 날이 잦고 체력 소모가 만만치 않다. 마술사는 힘든 일이지만 여자 마술사는 체력적으로 더 힘들다. 사람이 지치면 좋은 일도 하기 싫어진다. 그런데 그녀는 일을 하면서 한 번도 후회하거나, 매너리즘에 빠진 적이 없다고 한다. 그녀의 말에 담긴 '진실 혹은 거짓'은 어떤 것일까. 도대체 마술이 뭐가 좋은 직업이란 말일까.

"마술은 늘 호기심을 자극해요. 그래서 지루하지가 않고요. 그런 과정을 겪다보니 이제는 일과 나 사이에 '끈끈한 유대감'이 생겼다고 할까요. 무대를 준비하는 과정은 너무나 복잡하고 체력적으로 한계를 느낄 때가 있지만, 계속 일에 파고들어 집중하는 과정에서 애정이 생기는 것 같아요. 나와 마술이 서로를 선택한 거잖아요. 마술이 좋은 직업이어서가 아니라, 서로가 자꾸 관심을 가지려는 노력을 하기 때문에 사랑이 싹트는 거죠. 내가 선택한 일에 집중을 하면 그 일이 내게 보답을 해요. 공연이 끝나면 모든 피로가 한 방에 날아가거든요."

늘 신선하려면 뭔가를 꾸준히 움직여야 한다.

그녀는 인터뷰 도중 수시로 손을 움직였다. 손가락을 쭈욱 펴거나, 붙였다 옮겼다를 반복했다. 자꾸 움직이는 그녀의 긴 손가락에 눈길이 쏠렸다.

"사람들은 엄지와 검지 두 손가락을 사용하는 경우가 많잖아요. 그런데 마술사들은 열 손가락을 모두 사용하죠. 과학적인 이유가 있는 건지 모르겠지만, 열 손가락을 활용하는 게 뇌 운동에

도움이 된다고 생각해요."

마술사의 비밀 하나를 엿본 셈이다. 마술사의 뇌는 경직돼서는 안 된다. 마술은 늘 신선해야 한다. 늘 신선해야 한다는 것은 일종의 숙제 같지만, 아이러니하게도 마술사 노병욱의 뇌는 상쾌해 보였다. 열 손가락 뻗치기처럼 신선도를 유지하기 위한 노력이 게으르다면, 마술에 '반전'은 없다. 신선하려는 노력이 없다면, 삶 역시 반전을 기대하기 어렵다. 노병욱의 다음 말은 마술과 삶, 두 가지에 동시에 적용되는 성공 키워드다.

"늘 신선하려면 뭔가를 꾸준히 움직여야 해요. 그게 손가락이든, 뇌든 말이죠. 단 하나라도 나만의 신선한 마술을 선보일 수 있다면, 내가 걸어온 길에 후회는 절대 없겠죠."

늘 신선하려면 뭔가를
꾸준히 움직여야 한다.
그게 손가락이든, 뇌든….

생각의 채널을 돌려라

Part 5

touch
23

5년 후 되고 싶은 모습 상상하기

한때 마크 앨런은 무일푼 신세였다. 한 종교 봉사 단체에서 노동력을 제공하고 숙식을 해결했다. 매일 눈을 뜨면 "오늘은 어떻게 커피 값 1달러를 만들어 내지?"라는 게 고민이었다.

그러나 모든 인생에는 반전이 있다. 그 반전은 '그러던 그가'라는 말로 시작한다. 하루 커피 한 잔 값을 고민하던 그가 출판사를 차리고, 『CEO는 꿈이 필요하다』는 책으로 세계적인 베스트셀러 작가가 되고, 백만장자가 됐다. 그렇다면 누구나 백만장자가 될 수 있을까. 이 질문에 대한 마크 앨런의 백만장자 공식이 있다.

마크 앨런은 30살 즈음에 실업자였다. 자신의 허름한 아파트에서 30살 생일을 맞은 그는 신세 한탄과 동시에 미래가 없는 현실에 충격에 빠졌다. 백만장자 공식은 거기서 출발했다. 그는 '5년 후 되고 싶은 모습 상상하기' 게임을 통해 목표를 설정했고, 그 목표에 다가가는 과정을 즐겼고, 결국 성공했다.

당신도 백만장자가 될 수 있다는 '5년 후 되고 싶은 모습 상상하기' 게임이란 어떤 것일까.

마크 앨런은 "그대로 따라하면 성공할 수 있다."고 응원하면서, 자신의 법칙은 '미래를 내다보는 일'이라고 정의한다.

백만장자 코스를 밟기 전에 주의 깊게 해야 할 두 가지가 있다. 먼저, 자기 자신에 대한 냉정한 관찰자가 돼야 한다. 사람들은 "정말 내가 바라는 대로 될 수 있을까"를 의심한다. 마크 앨런은 그 의심은 자연스런 것이라며 의심과 두려움을 주시하라고 주문한다. 모든 의심과 두려움을 인정하고 받아들인 뒤에 고요가 찾아들고, 나아갈 길이 보인다는 것이다.

두 번째로 중요한 일은 자신을 제한하고 있는 생각들을 찾는 것이다. 과연 어떤 점이 갈 길을 방해하고 자신을 위축

시키고 있는가. 이를 면밀히 기록하고, 나를 제한하는 생각들은 긍정적, 발전적인 생각으로 반전시켜야 한다. "나는 하고 싶은 일을 할 시간이 없다."는 제한 요소가 있다면, "나는 하고 싶은 일을 할 시간이 충분하다."는 말로 긍정적인 반전을 시켜야 한다.

성공한 사람들이 항상 하는 말이 있다. "남 놀 때 다 놀면 어떻게 성공하느냐."는 것이다. 누구에게나 시간은 정해져 있다. 그런데 누군가는 더 많은 시간을 자신이 하고 싶은 일을 위해 투자한다. 자신이 하고 싶은 일이 있기 때문에 남들 놀 때 일을 하는 것이다.

성공은 특별하지 않다. 다들 놀 때 놀고 싶은 욕구를 억누르고 하고 싶은 일을 한다면, 당신은 그 일을 좋아하는 것이며, 성공의 양탄자를 걸을 수 있다. 시간이란 정해진 것이 아니라 창조되는 것이다.

마크 앨런이 말하는 백만장자 속성 코스 4단계가 있다. 먼저 좋아하는 일을 하겠다고 결심하라, 둘째 좋아하는 일을 어떻게든 시작하라, 그 일에 매진하면 잘하게 된다, 셋째, 성공한 자신의 모습을 상상하라, 넷째, 늘 계획하고 실천하라.

'성공한 당신의 모습을 상상하라.'는 게 핵심이다. 좋아하는 일을 하면서 5년 후 제대로 성공한 당신의 모습이 근사하지 않은가. 남들 놀 때 일할 근거로 충분하지 않은가. 일하면서 고비가 오면 버틸 힘이 생기지 않는가. 하루 1달러를 고민하던 마크 앨런은 이 같은 '상상하기'로 백만장자가 됐다.

백만장자를 꿈꾸는 사람에겐 안내자가 필요하고, 그 안내자는 바로 자신만이 할 수 있는 '돈 버는 상상'이다. 그 몰입에서 아이디어와 에너지가 쏟아져 나오는 것이다.

touch
24

스몰 윈 효과의 힘

· **천연두 백신을** 최초로 발견한 에드워드 제너는 소에게 발생한 천연두에 걸렸던 사람은 천연두가 발생하지 않는다는 사실에 착안, 천연두 백신을 발견했다.

우두에 걸렸던 사람이 소의 젖을 짜면서 천연두에 걸리지 않은 광경을 목격했던 것이다. 제너가 생각해낸 백신의 원리는 말하자면 병으로 병을 낫게 하는 것이었다. 오늘날 개발된 수많은 백신들이 바로 이러한 제너의 천연두 백신과 그 원리가 같다.

몸에 병의 원인균을 인위적으로 집어넣어 그에 대한 저항성을 미리 만들어 놓는 것이다. 일단 가볍게라도 한번 병과 싸워 이기고 나면 사람의 몸은 같은 종류의 어떤 강력한 병균과도 싸워 이길 수가 있게 된다.

이 원리는 사람의 몸과 마음에도 해당된다. 마음은 모든 면에서 몸과 상당히 닮아있다. 맹수든, 맹수의 새끼든 일단 싸워 이기고 나면 그걸 이길 수 있다는 믿음이 자리 잡게 된다. 그렇게 되면 어떤 맹수와 싸워도 이길 수 있다는 자신감이 생기게 된다.

'그까짓 성공쯤'이라고 외치는 당신이라면 당장 '범 무서운 줄 모르는 하룻강아지'가 되라. 다짐만 하고 다짐으로만 끝나는 가장 큰 원인은 두려움이다. 성공의 초보 상태를 벗어나기까지의 많은 시간들은 두려움과의 싸움이고 타협이라고 해도 과언이 아니다. 두려움의 상태에서 빨리 벗어나기 위해서는, 남보다 빨리 백신을 맞는 게 좋다.

'스몰 윈(작은 성공)' 룰이 바로 그것이다. 작은 병을 앓고 나서 큰 병에 대한 항체가 생겼듯 일단 작은 성공을 거듭 경험하고 나면 큰 성공에 대한 저항이 줄어든다.

이러한 스몰 윈의 원리를 잘 알고 있는 영업사원은 거래처 방문을 시작할 때 맨 처음 들르는 한두 군데는 항상 분명히 환영받을 것이라고 확신하는 고객을 먼저 방문한다고 한다.

비슷한 실력을 가진 두 그룹의 학생들에게 한쪽은 쉬운 문제를 먼저 풀게 하고 다른 그룹에게는 어려운 문제를 풀게 한 뒤 나머지 문제를 주게 되면 쉬운 문제를 먼저 접한 그룹의 학생들 점수가 더 높다는 연구결과는 '스몰 윈 효과'를 입증해주는 대표적인 사례다.

돼지와 사자를 한 우리 안에 넣어놓으면 당연히 돼지는 사자의 밥이 되고 만다. 그러나 이 동물들을 처음부터 다른 동물들과 격리시켜 사육시키게 되면 서로에 대한 정보가 전혀 없는 돼지와 사자는 서로 눈치를 보며 먼저 공격할 용기를 내지 않는다. 오히려 성미가 급한 돼지가 사자의 목을 먼저 물어뜯기도 하는데 그렇게 되면 오히려 기싸움에서 밀린 사자가 슬슬 돼지를 피하며 공격할 생각조차도 하지 않게 된다.

돼지가 사자의 목을 물어뜯을 수 있는 용기는 강자와 약자, 먹이사슬에 대한 아무런 선입견도, 정보도 없었기 때문이다. 정보는 중요하나 도전에 대한 기를 꺾는, 평균적인 관념을 요구하는 정보는 무시하는 게 좋다.

국가고시에 도전한다고 해보자. 합격할 수 있는 평균적인 확률은 얼마나 될까? 이들 시험에 도전하는 이들의 평균

연령, 평균 지능지수, 평균 학력, 평균 준비기간은 얼마나 될까?

평균보다 적은 나이라면 그런대로, 지나치게 많다면 또 그런대로 평균의 정보가 두려울 수밖에 없을 것이다. 정보는 나에게 꼭 필요한 것만 취하는 것이 좋다. 평균의 패턴에 민감할 이유가 없다. 돼지가 사자를 몰라서 먼저 덤벼들 수 있듯이 이러이러해서 보편적으로 합격할 확률이 소수점 이하라는 정보 따위는 무시해 버리는 것이 좋다. 타인의 삶의 일정한 패턴을 굳이 자기의 것으로 끼워 맞출 필요는 없지 않은가.

touch
25 ::

세상을 바꾸는 초짜정신

세상을 바꾼 인물들은 따지고 보면 모두 성공의 초짜였다. 그들이 세상에 처음으로 창작물을 내놓았을 때, 그 창작물은 '발명'이라 이름 붙여져 인류의 삶을 바꾼 획기적인 창작물이 되었거나 초짜의 황당무계한 도전쯤으로 보였거나 둘 중 하나이다.

천연두 백신을 한국에 들여온 지석영 선생이 일본인에게서 종두법을 배워 자신의 처남에게 접종한 것을 계기로 천연두 예방접종이 시작되었을 때, 사람들은 이 예방접종을 꺼렸다. 우두 감염자의 고름에서 채취했다는 이유로 백신접종을 맞으면 얼굴이 소의 형태로 변한다는 등의 소문이

나돌았기 때문이다.

　지석영 선생은 그야말로 선구자인 동시에 초짜였다. 초짜의 창작물은 무시당하기 쉽다. 세상에는 정해진 룰에 길들여진 사람들이 훨씬 더 많기 때문이다. 바로 이것이 초짜가 성공하기 어려운 이유다. 자신들이 정상적인 시간과 공을 들여 거쳐 온 과정을 무시하고 단숨에 건너온 신인을 인정하기 싫을지도 모른다. 그러나 정작 가장 큰 적은 자신의 내부에 있다. 주위의 보편적인 평가나 사고를 '역시 그렇지…' 하면서 순순히 받아들이고 마는 소심함이 바로 그것이다. 기껏 용기를 냈다가 꺾이는 지점 역시 바로 여기다.

　앞서 말했지만 정보는 자신에게 꼭 필요한 것만 골라서 취하면 된다. 주위 사람의 의견을 무시하라는 말이 아니라 내면의 기운과 용기를 꺾는 그 어떤 정보나 충고 역시 불필요하다. 원래의 절차나 규정 같은 건 그것이 애초에 만들어질 때조차도 파괴적인 것이었다.

　스스로 확신하는 한, 불필요한 정보가 쏟아져 들어올수록 더욱더 자가당착, 자아도취에 빠져도 좋다. 미래에 대한 장밋빛 환상은 어쩌면 가장 필요한 자산이다. 환상이 없다면 과분한 성취는 결코 실현될 수 없다. 사람은 정확히 자신이 계획한 범위 안에서만 성취하게 된다. 그러니 환상을 통해 그 성취범위를 한껏 높여놓는 게 좋다.

우리 앞에 두 갈래의 길이 있다 치자. 완전히 전혀 다른 새로운 길을 찾아 나서거나 남이 앞서 간 길을 성실히 따라가거나 둘 중 하나다. 대부분이 후자의 길을 택한다. 그러나 동전의 앞뒷면처럼 후자의 길은 스릴이 없고 큰 성공 역시 없다. 당신은 어떤 길을 택할 것인가?

당신 앞에 남이 앞서 간 길과
전혀 새로운 두 갈래의 길이 있다.
어떤 길을 택할 것인가?

touch
26

생각의 채널을 돌려라

6살에 미뉴에트를 작곡한 모차르트, 8살에 쾰른에서 연주회를 가진 베토벤, 10살에 시집을 낸 다산 정약용…. 많은 사람들이 이들을 천재라고 하는데 주저하지 않는다.

그렇다. 이들은 천재가 맞다. 아주 단숨에 자신의 재능으로 세상을 놀라게 했다. 그러나 만약 그들이 '첫술에 배부르랴.'와 같은 일반적인 관념과 질서에 눌려서 '나는 아직 멀었어.' 라는 생각으로 그 시절을 보냈더라면 이 세상에는 그 어떤 신동도, 천재도 탄생하지 못했을 것이다.

만약 아주 간단한 채널만 돌려서 당신을 단숨에 천재의 경지에 올려놓을 수 있다고 단언한다면 미친 소리라고 욕할 수 있겠는가?

그렇지 않다. '생각'의 채널을 잠깐 돌리는 것만으로 천재는 탄생할 수 있다.

'나는 천재'라고 자기 암시를 걸어라. 어떻게 나를 천재라고 할 수 있냐고?

그렇다면 좋다. 속여라. 자신을 철저히 속여라. 너무나 정직해서 자신을 속이기 어렵다면 착각하라. 그리고 가능하면 그 착각 상태를 지속시켜라.

우리의 두뇌는 착각과 현실을 구분하지 못한다. 지속적으로 거짓말을 하는 사람은 마침내 자신의 거짓말 자체를 진실로 느끼게 된다고 한다. 이와 같이 우리가 지속적으로 착각하는 가운데 두뇌는 마침내 그 착각을 진실로 받아들이고 그에 걸맞게 행동하고 말하고 사고하게 만든다.

암시를 걸고 천재로 위장하는 속임은 천재의 경지로 이르는 마음의 축지법이다. 이제부터 천재로 가는 축지법을 써서 단숨에 최고의 경지에 오른 당신을 향한 당부가 있다.

자신의 과거 그대로를 이어받지 마라. 삶을 최고가 되기 이전과 그 이후의 삶으로 나눠라. 이후의 삶이란 바로 지금 이 순간부터다.

착각을 결심한 순간부터 삶은 바뀌기 시작한다. 그 이전의 삶에 맞춰 자신을 대접하지 마라. 단숨에 최고가 된 자신을 인정하고 그에 합당한 예우를 하라.

최고의 지위에서 생각하고 행동하고 말하라. 아마 그 이전의 삶과는 비교도 되지 않을 만큼의 엄청난 성과를 얻을 수 있을 것이다.

끝내 스스로를 최고라거나 천재라고 속일 수 없다면 흉내라도 내봐라. 흉내가 몸에 익다보면 슬며시 착각과 속임수의 경지, 마침내 믿음의 경지로 올라갈 수 있게 된다.

천재는 유전자가 아닌 스스로의 믿음이 만들어낸 결과물일 뿐이다. 만약 훌륭한 부모에게서 태어난 아이가 자연스럽게 그 천재적 유전자를 물려받았다고 해도 스스로 최면에 걸려있지 않는 한 어떤 천재적 유전자도 무용지물이 되고 만다.

대부분의 사람들은 오랜 시간 성공을 꿈꾸면서 '언젠가'를 기다린다. 누가 그렇게 시키지도 않는데도 말이다. 그동안 정상적인 절차와 단계를 밟아온 사람들의 성공신화를 지켜보고 그 과정을 흉내 내려 했다면 이제부터는 그와 정반대의 경우로 성공한 사람들의 또 다른 특별한 스토리에 주목할 필요가 있다. 되도록이면 더 빨리, 아니 지금 당장 목표점에 도착하자. 이왕이면 빠른 길이 좋지 않은가.

마음속에 정해둔 복잡한 절차를 생략하라. 마치 사회적 약속처럼 암묵적인 '절차의 편견'을 저버리는 것이다. 시작하기도 전에 혹은 한걸음을 떼면서 굳이 실수와 실패를 염두에 둘 필요는 없다.

굳이 그렇게 성급할 필요가 있느냐고, 천천히 모든 단계를 밟아 느리지만 모든 시행착오를 다 거치고 난 후에 안전하게 목적지에 닿기를 원할 수도 있다. 그러나 지금까지 그렇게 해 온 걸로도 충분하다.

많은 사람들이 스스로 '나는 아직 멀었어.'라는 주문을 건다. 그들은 만년 신인의 굴레를 벗어나지 못한다. 아직 그 어느 곳에도 브랜드처럼 내밀만한 자기 이름을 올리지 못하는 보통 사람들이 바로 그들이다.

'아직 과정중인, 혹은 아직 가야할 길이 먼 보통사람으로' 그렇게 오래, 혹은 끝까지 미완의 상태로 남아있게 되는 원인이 바로 이러한 불필요한 자기 주문임을 깨달아야 한다.

설사 결과물이 기대만큼 못 미친다고 하더라도 최소한 잃을 게 없다. 한두 번의 실험으로 그치지 말고 매 순간, 모든 상황에서 그 착각의 상태를 반복적으로 느끼는 게 좋다. 그 착각의 상태가 깊은 잠재의식까지 스며들 수 있도록.

달리기를 한번 생각해보자. 달리기 전에 잠시 눈을 감고 자신이 육상선수라는 상상을 한 뒤 달리기를 해보면 아무런 상상 없이 달리기를 했을 때와는 분명 큰 차이가 생긴다.

만약 현재의 상황이 불리해서 상황을 먼저 좋게 바꾼 다음 시작해야 한다고 느낀다면, 일단 불리한대로 시작해보기를 권한다. 시작하고 나면 상황은 바뀔 수 있다. 먼저 바꿔야 하는 건 마음가짐이지 상황이 아니다. 일단 시작하자. 지금이 가장 좋을 때다. 착각하는데, 흉내를 내는데 시간이 걸리는 게 당연하다고 생각하지 마라.

일단 시작하자.
지금이 가장 좋을 때다.
먼저 바꿔야 하는 건
마음가짐이지 상황이 아니다.

touch
27

특별함을 명명하라

춘추전국시대 제나라 환공은 즉위하자마자 인재등용이 중요하다는 생각에 재주 있는 사람이면 언제든지 궁궐에 들어올 수 있도록 밤마다 궁궐 뜰 앞에 모닥불을 피워 밝혀놓았다. 그러나 일 년이 다 되도록 단 한 명도 찾아오지 않았다.

환공이 인재가 없음을 탄식하며 혀를 차고 있는데 시골 사람 하나가 찾아왔다. 그 시골 사람은 자신의 재주는 구구단이라고 밝혔다. 환공은 크게 실망했다. 겨우 구구단을 재주라고 찾아오다니…. 그러자 그 시골 사람이 말했다.

"왕께서 인재를 구하기 시작한 지 1년이 다 지나도 한 사람도 구하지 못하셨다는 이야기를 들었습니다. 웬만한 재주를 가진 사람이라도 지레 겁을 먹고 있기 때문에 아무도 찾아오지 않는 것입니다. 제가 가진 구구단은 재주도 아니지만 이 정도의 재주도 대우받는다는 사실이 널리 퍼지게 되면 온 장안의 재능 있는 사람들이 속속 찾아올 것입니다."

환공이 그의 말에 고개를 끄덕이며 그를 후하게 대접하자 한 달이 못 되어 나라 안의 인재들이 모여들기 시작했다.

발상 하나로 자신과 세상을 바꾼 사람들을 보면서 '앗! 나도 저런 생각을 한 적이 있는데…'라며 무릎을 친 적이 있을 것이다. 그 차이는 뭘까. 뭔가 참신한 발상을 떠올렸다가도 현실에서 발현해내는 과정은 귀찮고 복잡하게 느껴져 포기해버렸기 때문이다.

세상을 바꾼 어떤 아이디어도 일반 상식에서 시작된다. 뭔가 더 크고 거창한 것을 바라며 오늘을 보내면 내일도 마찬가지가 될게 뻔하다. 세상은 당신이 움직여주기를 바란다. 그 언젠가를 기다리고 있다면 당신은 평생 기다리기만 하며 살게 된다.

스스로 구구단도 재능이라고 믿는 사람이 있는가 하면 초능력조차도 인정하지 않고 무시하는 사람도 있다.

우리가 재능이라고 부르는 것은 누가 뭐라든 자신이 그것을 재능, 또는 특별함으로 명명할 때 비로소 발휘될 수 있다. 명명命名은 중요하다. 스스로 명명하는 순간, 그것은 자신만의 특별한 재능이 된다. 그것이 비록 구구단이라 할지라도.

유명 브랜드의 커피와 거리에서 파는 커피를 모아 섞어놓고 사람들의 눈을 가리고 시음해봤을 때 사람들은 유명브랜드 커피와 보통 커피 맛의 차이를 잘 구분하지 못한다. 그러나 그런 실험결과에 관계없이 대중들은 이미 특별하다고 명명된 브랜드에 기꺼이 돈을 지불한다. 커피의 맛을 바꾸는 건 별다른 재료나 기술이 아니라 마케팅의 힘이라는 사실을 알든 모르든 상관없이 말이다.

미국 애틀랜타 소재 선트러스트 은행의 금고 안에는 120년 된 코카콜라의 제조 공식이 들어있다. 코카콜라사는 제조 비법을 애틀랜타의 금고 속에 보관함으로써 그 비법을 전설로 만들었다.

전문가들은 코카콜라를 복제하는 일은 무의미하다고 말한다. 왜냐하면 코카콜라를 이토록 성공하게 한 요인은 제조 비법이 아니라 상표명이기 때문이다. 코카콜라와 펩시가 다른 점은, 펩시콜라의 제조비법은 금고에 있지 않다는 점이다.

인생의 전성기는 언제 찾아올까. 일반적으로 특정 분야에서 그 일을 가장 능숙하게 잘 해낼 수 있을 때라고 생각하기 쉽다.

대부분은 잔뜩 얼어붙어서 숨을 죽이며 그 언젠가를 기다리지만, 그 일을 가장 잘 할 수 있는 시기는 나이와 시기에 상관없이 가장 열정적인 순간이다.

남보다 월등히 뛰어난 사람에게 그 비결을 물어본다고 치자. 그들에게서 시원스런 대답을 듣고 그대로 따라 하기만 하면 다 되는 걸까? 그렇게 간단한 방법이 있다면 왜 더 많은 사람들이 똑같이 따라하지 못하는 걸까?

조금 거만해져도 된다. 우리가 볼 때 '그들'이 당연히 가지고 있을 법한 특별한 비결 같은 건 사실 없을 가능성이 높기 때문이다.

오히려 특별함은 스스로에게 거는 자기 최면이거나 착각이다. 그 최면상태를 오랫동안 지속시키며 실제로 특별한 결과를 만들어낼 때, 비로소 뛰어나고 특별한 사람이 될 수 있다.

며느리에게도 가르쳐주지 않는다는 떡볶이 양념의 비결

은 며느리가 특별함이 없다는 사실을 알게 될까봐 감추고 있는 건 아닐까.

아는 게 없고, 경험이 부족하고, 그저 그런 아이디어밖에 없다고? 거기에 조금만 더 몰입하고 자기 최면을 걸면 그게 곧 특별한 비법이 될 수 있다.

더이상 머뭇거리지 말라. 부족하다고 생각하는 바로 지금으로 충분하다.

먼저 원하는 결과를 상상하라. 되도록이면 적게 생각하고 크게 보여줘라. 생각하며 심사숙고하는 시간보다 움직이고 펼쳐내는 시간에 더 할애하라. 생각만하다가 후회하는 경우는 많아도 행동만 하다가 후회하는 경우는 적다.

완벽한 구상이란 없다. 머뭇거리며 여러 가지 수의 생각을 복잡하게 할수록 표출되는 건 오히려 적다. 모든 일을 미리 다 체험할 수는 없다. 지금 당장 해야 할 일은, 자신의 상상을 어떤 일이 완성된 결과에 미리 가져다 놓는 것뿐이다.

지금 이 순간으로 좋다. 땅에 밑줄 한번 긋고 크게 숨 한번 쉬자. 반드시, 마음은 완벽한 엔딩라인에 미리 가 있어라. 자, 이제 행동이다.

세상은 당신이
움직여주기를 바란다.
마음은 완벽한 엔딩라인에
미리 가 있어라.
자, 이제 행동이다.

touch
28

좋은 것은 가장 먼저 온다

● 헨델의 불멸의 걸작 '메시아'는 짧은 기간에 작곡된 것으로 유명하다. 헨델이 잠이 오지 않아 몸을 뒤척이던 중 시인 제닝스가 보내온 우편물을 열어보았다. 그것은 메시아의 대본이었다. 대본은 이 한마디로 시작되었다. '위안 받으라.'

　이때부터 헨델은 갑자기 무엇에 홀린 듯 밤낮으로 곡을 써내려가서 불과 24일 만에 이 불멸의 대곡을 완성했다. 헨델은 '메시아'가 신의 은총으로 만들어지는 작품이라 믿었고 이 공연의 수익금도 기부했다.

　영감은 우리가 눈치 채지도 못할 만큼 자주, 짧고, 쉽게 찾아온다.

당시 극심한 생활고에 빠져있었던 헨델에게 구원처럼 다가온 영감의 원천은 '위안 받으라.'는 한마디였지 않은가. 헨델은 그 말 한마디에서 영감을 얻었다. 헨델이 아닌 대다수의 보통사람이었더라면 그냥 덮어두고 말았을 것이다.

누군가 꿈에서 악보를 던져주었다거나 음률을 들려주는 것만이 영감은 아니다. 영감은 누구에게나 열려 있지만, 누구나 대작을 완성할 기회를 잡지는 못한다. 헨델보다 더 극적으로, 더 분명하게 떠오르는 아이디어를 어떻게 생활이나 작품, 제품으로 변형시키는가의 과정에서 대부분 생각하기를 그치게 된다. 여기에는 기술이나 재능, 자본이 필요한 경우가 많기 때문이다. 이러한 현실적인 한계는 창조에 장애를 가져오기 쉽다.

아이디어 그 자체는 완벽한 해답을 가지고 있지 않는 경우가 대부분이다. 그렇다면 이 상황에서의 해법은 도달할 수 있는 부분까지만 시도해보는 것이다. 전체를 다 바꾸거나 새로 만들려 하지 말고 기존의 형태에서 일부분만을 바꿔보는 것이다. 순수한 창작이라는 말보다는 재창작, 조합이라는 말이 더 어울릴 듯싶다.

사람의 지능지수는 대부분 100~200사이를 넘지 못한다.

따라서 사람의 능력은 근본적으로 큰 차이가 없다. 어떤 특별한 아이디어도 특별하지 않은 보통사람에게서 나온다.

영감을 얻으려면 낯선 것을 피하지 말아야 한다. 두뇌를 자극시키려면 매사에 평소 습관대로 반응하지 않아야한다. 쓴 음식을 먹었을 때 얼굴을 찡그리는 건 조건반사가 아니라 기억이다. 즉, 기억이라는 습관이 작용했기 때문이다. 아마 이전에 다른 사람들이 쓴 음식을 먹었을 때의 표정을 보지 못했다면 똑같은 표정을 짓지 않았을 것이다. 우리가 하는 행동과 생각은 대부분 기억에 의한 반복이다.

기억은 습관적으로 행동하고 습관적으로 사고하도록 만든다. 그래서 기억은 영감과는 거리가 멀다. 뭔가 남다르게 생각하고, 이루고 싶거든 끊임없이 기억에 대항하라.

1회용 밴드를 최초로 발명한 딕슨은 끈적한 테이프 부분을 씌워 두었다가 사용할 때만 떼어 쓸 수 있는 다른 종류의 뻣뻣한 천을 붙여 마침내 훌륭한 밴드 반창고를 발명했다.

이후 존슨사는 딕슨이 발명한 그 밴드 반창고를 대량으로 생산하여 '밴드에이드'라는 이름을 붙여 전세계로 수출함으로써 큰 돈을 벌었고 딕슨은 부회장으로 승격하게 되었다.

어느 순간 문득 이것은 최초라고, 정말로 기발하다고 느꺼지는 어떤 아이디어를 떠올리는 순간, 동시에 전 세계에서 6명이 똑같은 생각을 하고 있다고 한다. 내가 받는 영감을 다른 사람이 받지 말라는 법은 없기 때문이다. 그런데 이렇게 기발한 아이디어를 세상을 바꿀만한 창작물로 내놓는 사람은 그 6명 중 1명도 되지 않을 때가 많다. 그 아이디어를 6명이나 떠올렸음에도 말이다.

영감을 얻기 위해서는 우리의 두뇌 중 평소 안 쓰던 부분을 활용해야 한다. 그러기 위해서는 일상의 익숙함에 의도적으로 새로움을 불어넣는 게 좋다.

출퇴근길를 예로 들어보자. 흔히 보통사람들은 매일 똑같은 길만 간다.

하지만 인간의 뇌에는 이미 수십 억 개의 다른 길과 통행의 방식을 가지고 있다. 그런데도 우리는 매일 같은 길을 가는 데 익숙해지면서 다른 길로, 다른 방식으로 갈 생각을 아예 하지 않는다.

인간이 자기 뇌의 5% 정도밖에 쓰지 못하는 이유가 이런 반복된 패턴 때문이다.

그렇다면 일정한 패턴이 굳어지기 전, 자기분야의 관습에 완전히 젖어들기 전이라면 그동안 쓰지 않았던 뇌의 활용공간을 넓힐 가능성이 높다고 할 수 있다.

어떤 창조물이든 최초의 목적으로 돌아가서 생각해보자. 염두에 두어야 할 점은 어떤 획기적인 아이디어도 일반적인 상식 수준에서 시작된다는 점이다.

뭔가 대단한 것을 바라고 오래 뜸들이며 지체하는 시간에 비슷한 생각을 한 6명 중 1명이 먼저 나서거나 그보다 한 단계 진일보한 아이디어를 가진 다른 6명의 그룹이 당신을 앞지르게 될 것이다.

누구나 성공할 수 없는 이유는 바로 이 타이밍을 놓쳤기 때문이라고 해도 과언이 아니다. 사람들이 흔히 착각하기 쉬운 것이 '더 많이 망설이고 더 많이 고민한 끝에 최선의 것을 얻을 수 있다'는 생각이다. 더 많은 시간과 고민을 들인다고 해서 더 좋은 것은 아니다.

좋은 것은 가장 먼저 온다고 생각하라. 지금 바로 떠오른 영감을 무시하지 마라. 바로 그것이 당신을 단숨에 달인으로 뛰어오르게 만들어줄 것이다.

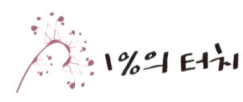 1%의 터치

"지금 삶에 '최초의 어떤 것'을 더해라"

___국립무용단 수석무용수 우재현___

항상 최초의 것을 보여줘야 하는 예술가들에게 '새로운 것은 없다.'란 진리는 딜레마다. 어쩌면 예술가들의 모든 창작행위는 신에 대항한 인간의 몸부림이다. 신은 인정하지 않을지라도 새로운 것은 계속 나오고 있다. 어느 순간 더 이상 새로운 것이 떠올려 지지 않는 정체기로 몰려버리면 이때부터는 상이한 소재들을 서로 조합하거나 이미 다 만들어진 것을 다른 방식으로 재창작해서라도 기어이 새로운 어떤 것을 만들어내고야 만다.

결국 신도 손들어버리게 하는 영역, 그것이 예술이다. 예술가는 신에 대항하는 유일한 종족이다. 누구든 이 종족의 일원이 되고자 마음먹었다면 그 순간부터 미처 신도 생각하지 못한 것을

세상에 보여줘야 하는 대가를 평생 치러야 한다.

신도 생각하지 못한 어떤 것. 20살에 무용을 시작하면서 국립무용단에서, 그리고 극단 무무를 이끌어오면서 20년을 끌어온 화두이다.

20살부터 무용을 했으나 정작 제대로 신의 영역에 대항하는 '창작'을 시작한 지는 사실 얼마 되지 않았다. 무용을 전공한 사람이라면 누구나 바라는 국립무용단의 단원이 되었지만 정작 나는 무용계의 청개구리다. 몸은 제도권에 있으면서도 끊임없이 일탈을 꿈꾸고 있었다.

스토리가 있는 무용. 그것이 내가 궁극적으로 도입하고 싶었던 '새로운 것'이었다. 무용과 관련한 공연, 그것도 한국 전통무용을 보기 위해 일부러 티켓을 사서 공연관람을 한 사람이 우리나라 국민 중 몇 %나 될까? 아직도 무용이라는 장르는 그중에서도 특히 한국전통무용은 객석의 대부분을 무용수의 가족들이 채워주고 있는 형편이다.

무용으로 관객을 끌어들이고 싶다는 게 내 일탈의 첫 번째 이유였다. 모든 예술장르가 지속적으로 대중과의 소통을 위해 고민하고 있지만 무용은 그 중에서도 가장 돌파구가 시급한 분야다. 관객이 없는 무대는 완성도가 어떻든 의미가 없는 것 아닌가. 그런 고민 끝에 찾아낸 것이 무술과 무용을 결합한 이름 그대로 '무무武舞'였다.

영화나 유흥업소의 무대가 아니고는 쓸모가 없어진 게 오늘날의 무술이다. 무용이나 무술은 무대에 선다는 공통점이 있을 뿐 그 둘을 한 무대에 올려보겠다는 발상은 국립무용단의 수석 무용수가 떠올릴 수 있는 발상치고는 위험한 일일 수 있다.

스스로 자신의 무술에서 춤을 추는 듯한 느낌을 받았다는 무술가 박완규를 찾아가서 나의 뜻을 전했다. 몸으로 하는 건 무슨 일이든 자신 있다는 그 역시 나와 비슷한 갈증을 느끼고 있던 차였다. 차력사로 불리는 그들이 설 수 있는 무대라는 게 밤업소나 이벤트 무대 정도였다. 무용인은 예술가로 불리지만 관객이 없었고, 차력사는 열광하는 관객 속에서도 허기를 느꼈다. 그렇게 우리는 '몸으로 뭐든 표현해 보겠다.'는 단 하나의 공통점으로 쉽게 만날 수 있었다.

2002년 겨울이 바로 그 전환점이었다. 국립극장에서 퇴근하고 나면 밤 11시부터 새벽 4시까지 극단 무무의 단원으로서 다시 하루가 시작되었다. 무용가는 창·검·봉·쌍절곤을 들고 본격 무술인이 되어야 했고 무술인은 새삼 부드러운 몸동작을 익히기 위해 힘을 빼야했다. 무술가가 분을 바르고 섬세한 몸동작으로 아름다움을 표현하기란 무용수가 쌍절곤을 휘두르는 일보다 더 어려웠다. 강해지는 것보다 더 어려운 건 여리고 섬세하고 부드러워지는 일이었다.

무무는 무예와 함께 동양화를 곁들였다. 무대의 배경에 대형 천을 걸어 두고 화가가 그 뒤에서 사군자를 그린다. 여기서 사군자는 무용수들이 표현하는 몸짓과 같이 삶과 죽음 생성과 소멸을 표현한다.

전통무용과 차력, 동양화. 그렇게 어울릴 것 같지 않는 소재를 우격다짐으로 묶어놓고는 그것을 제대로 섞어내기 위해 맹훈련에 돌입했다.

1년여를 꼬박 연습해서 리틀엔젤스 예술회관에서 최초로 무용과 무술의 비언어 퍼포먼스가 무대에 올랐다. 하루, 단 한차례만 해외프로모션을 위한 실험적 공연이었다. 일단 해외진출을 노려보자는 게 내 생각이었다. 이름이 알려진 해외 대형 라이센스 공연에만 티켓 판매가 몰리고 있는 한국 공연 시장에서 무용과 무술, 동양화의 만남이라는 낯선 형태로 시장성을 타진해 볼 수는 없었다. 그리고 결국 내 의도대로 이 공연의 성과를 인정받아 2005년 8월 세계 최대 예술축제인 에딘버러 페스티벌 프린지 오프닝 작으로 초청되기까지 했다.

　에딘버러 공연은 기대 이상이라는 말이 무색할 정도였다. 당시 현지 3개의 언론사와 네티즌들에게서 별 5개 평점을 4차례나 받았다. 시내 중앙극장을 차지하지 못하고 변두리 소극장이었음에도 무무의 공연은 단연 최고의 인기였다. 당시 영국언론 BBC는 "백조의 호수와 무술이 만났다"고 표현했다.

　'무무'는 음양의 에너지를 몸으로 표출한 것으로 기氣의 원리에서 출발했다. 에너지의 증폭과 흐름을 몸으로 보여주고자 한 것이다.

　맨 처음 무무를 기획했을 때, 어떻게든 대중에게 좀 더 가깝게 가려했던 게 중요한 이유였지만 그렇다고 해서 가볍고 쉬운 볼거리를 주려는 의도는 아니었다. 마냥 쉽고 코믹한 것으로 대중의 눈높이에 다가갈 생각도 없었다. 대중예술과 순수예술은 분명 달라야 한다고 믿고 관객들도 그저 눈요기를 위해 공연장을 찾아오기를 바라지 않는다. 어떤 장르와 섞이든 예술작품으로서의 본질은 잃지 말아야 한다는 게 내 고집이다.

지난해 대구에서는 넌버벌(비언어) 퍼포먼스 공연을 한자리에 모은 '코리아 인 모션' 축제가 있었다.

'코리아 인 모션'에는 한국의 넌버벌(비언어) 공연 12개 팀이 참여했는데 해외 프로모터들이 일제히 무무의 무대 앞으로만 몰려오면서 이들에게 몰표를 받았다.

이 축제의 참가를 위해 나는 무무의 업그레이드 버전을 준비했다. 그동안 이미지로만 표현되던 메시지를 구체적인 스토리로 만들기 위해 대본을 쓰기 시작했다. '무무'의 두 번째 이야기로서 공연 이름도 '카르마'로 바꾸었다.

천상의 요지를 배경으로 벌어지는 신들의 탐욕과 파괴, 부활에 대한 이야기이다. 별의 신 아수라가 탐욕의 신으로 변해가면서 급기야 왕의 자리를 빼앗고 결국은 다른 모든 신들에 의해 다시 왕위 자리를 빼앗기고 파멸하고 만다. 천상의 요지가 아수라의 욕망 때문에 멸망, 부활하는 과정의 이미지는 무대 배경에 걸린 흰 천에 매난국죽의 사군자 그림으로 표현되기도 한다.

무무는 아직도 완성해가는 과정 중에 있지만 영원히 미완의 상태로 남을지도 모른다. 나는 그 미완의 무무를 떠안고 그치지 않고 완성하려 노력할 것이다.

2002년 겨울, 무무의 안무를 연구하기 시작하면서 나는 가슴이 뛰었다. 두려웠고 설레었다. 모든 창조물의 첫 작업이 그럴 것이다. 신인들 세상을 창조하는데 있어서 주저함이 없었을까? 지금 당신의 가슴이 뛰고 있다면 제대로 가고 있는 것이다. 가슴이 이끄는 대로 그 길을 계속 걷기를 바란다.

지금 당신의 가슴이 뛰고 있다면
제대로 가고 있는 것이다.
가슴이 이끄는 대로
그 길을 계속 걷기를 바란다.

에필로그
터치이스트들의 일기장을
들추고 나서

    지금까지 당신은 31명의 '터치이스트'와 마주했다. 터치이스트는 터치(어루만짐)+ist(사람을 뜻하는 접미사)의 합성어다. 이 글을 쓰면서 만들어낸 신조어다. 고백을 하면, 필자는 각기 다른 삶, 각기 다른 성공을 탄생시킨 그들을 보면서 반갑고 설레었다. 참 다행이란 생각을 자주 했다. 손을 뻗어도 닿지 못할 성과를 이룬 그들의 어느 시절은 우리와 닮은 모습을 하고 있었다.

    누군가는 말한다. 이 터널만 통과하면 저 멀리 빛이 보일 거라고. 그런데 터널은 어둡고 길기만 하다. 도대체 빛은 언제 찾아오는 지 아득하다. 어둡고 긴 시절을 보내던 그 시절을 앞서 터치이스트들도 똑같이 보냈다. 그들을 보면서 위로를 얻었다.

사실 이름을 알린 누군가는 나와 다른 능력을 타고난 줄 알았다. 그들은 타고난 능력만으로 순탄하게 성공의 돛을 내린 줄만 알았다. 그러나 그게 아니다. 그들도 자신만의 능력이 뭔지 몰랐고, 성공인자란 게 과연 있는 건가, 의심하고 좌절했던 순간이 있었다.

거듭 말하지만, 타고난 성공인자는 없다. 당신이 99%의 성공인자를 갖고 태어났다는 말은 괜한 위로가 아니다. 생명은 소중하듯, 각각의 소중한 능력을 갖고 태어났음을 믿는다.

'흔들린다'는 표현을 쓰자. 지금 흔들리는 당신에게 부족한 것은 미지의 1%를 일깨우는 일이다. 그 1%란 과연 무엇일까. '주식의 현인'으로 통하는 시골의사 박경철은 이런 말을 했다.

"지금 무슨 일이 일어나고 있는 지, 또 어떤 답을 얻길 원한다면, 과거의 일기장을 들춰보라".

그 말에 동의한다. 터치이스트들의 삶을 들여다보는 일은 과거의 일기장을 들추는 일이다. 그들 역시 미지의 1% 때문에 흔들렸고 방황했지만, 터널을 통과했다. 터널을 쉽게 통과한 게 아니다. 그 과정에서 숱한 시행착오를 겪었다. 그리고 얘기한다. 내 과거의 일기장이 당신을 다독여줄 수 있을 것이라고!

지금 당신에게 필요한 것은 그들의 말에 귀를 기울이는 것이며, 가슴을 여는 것이다. 먼저 성공한 이들의 어루만짐(터치)에 몸을 맡겨보자. 당신의 숨은 1%를 일깨우는 앞서나간 이들의 터치를 깊숙이 받아들이는 그 순간, 당신의 성공 램프도 깜박깜박 불을 밝히기 시작할 것이다.

'그까짓 성공쯤'을 외치는 나에게 주는 자극… 사람들은 쉽게 말한다. "그까짓 성공쯤이야."라고. 그런 사람들은 성공이 참 어렵다는 것도 잘 안다. 터치이스트들은 한결 같이 말하고 있다. "지나고 나면 그까짓 성공쯤이야."라고.

그들이 호락호락하게 성공을 거머쥐었다는 얘기가 아니다. 지나고 나니, 새로운 출발에는 노하우가 필요했다는 점을 상기시키고 있다. 새로운 출발을 원한다면, 그들이 말하는 삶의 노하우를 암기할 필요가 있다. 그들의 소중한 '터치'를 받아들일 마음가짐이 필요하다.

사람들의 좋은 취미 중 하나는 메모하는 습관이다. 좋은 글귀를 메모하는 사람들은 매일 그것을 들춰보며 삶의 자극제로 삼는다. 나른하고 뻐근한 어느 날, 생각지도 못했던 글귀 하나가 활력을 주는 것을 경험했을 것이다. 터치이스트들이 체험적으로 전해주는 삶의 이야기는 그 자체로 흥미롭지만, 그렇다고 잔잔한 물결처럼 흘려보낼 일만은 아니다.

의학용어 중 플라시보 효과란 게 있다. 플라시보 효과는 약효가 전혀 없는 거짓 약을 진짜 약이라고 말하고 환자에게 복용하게 했을 때, 환자의 병세가 호전되는 효과를 말한다. 플라시보 효과를 성공에 적용해 보자. 그들의 '터치'는 가짜 처방이 아니다. 고난의 행군을 넘어 발견한 진짜 처방전이다. 새로운 성공을 간절히 바라는 당신을 위한 처방전이다. 거짓 약에도 사람은 호전되는데, 진짜 약을 받고 '그까짓 성공쯤이야'를 못 외칠 이유는 없다. 그들이 전하는 가슴 뛰는 삶의 31가지 키워드를 메모리하는 건 어떨까. 메모 용지가 아닌 당신의 가슴 속에 말이다.

매일매일 가슴 뛰는 삶을 위한
터치 31

01. "일찍 책장을 덮지 말라! 삶의 다음 페이지에서 '또 다른 멋진 나'를 발견할 것이다." 시드니 셀던

02. "당신은 언제나 꿈을 꾸었어야 했다." 호텔왕 힐튼

03. "인생은 짧다." 빌리 그레이엄 목사

04. "열정을 발견하는 길은 끊임없는 실험뿐. 이 세상엔 여전히 성공의 틈이 많다." 마사 스튜어트

05. "삶에서 열정을 바칠 직업은 한 가지로 족하다. 나머지는 즐거움으로 두라." 거트루드 스타인

06. "막 움직이기 시작하는 순간의 마찰력을 이용하라." 김진규/작가

07. "당신이 얼마나 나약한 존재인가를 깨달을 때 성공을 위한 진지한 물음이 시작된다." 카렌 암스트롱

08. "단조로운 삶을 살지 말라! 늘 누군가에게 들려줄 얘기들을 만들어라."
　　　　　　　　　　　　　　　　　　　　　　　카사노바

09. "앞바다에 있는 섬을 둘러보느라 시간을 놓치는 것은 현명하지 못하다."
　　　　　　　　　　　　　　　　　　　　　　　콜럼버스

10. "자신을 먼저 사랑하라. 그리고 삶을 영리하게 조작하라."
　　　　　　　　　　　　　　　　　　　나나 무스꾸리&마돈나

11. "항상 굶주려 있어라! 늘 바보로 살아라!"　　스티브 잡스

12. "단 하루도 평범한 삶을 살지 말라!"　　정이찬/네이미스트

13. "지금 필요한 딱 한 가지에 집중하라! 삶을 누구보다 간단명료하게 정리하라!"
　　　　　　　　　　　　　　　　　　　　　조르지오 아르마니

14. "시작부터 계획된 것은 없다. 생존 가능성을 높이는 모든 것을 선호하라."
　　　　　　　　　　　　　　　　　　　　　　　　다윈

15. "스스로 현재 하는 일이나 방식이 맘에 들지 않는다면, 그 일로 성공할 가능성은 희박하다."　　14살 실리콘밸리 소년 CEO

16. "삶이 그대를 속이면 결투를 신청하라."　　　푸쉬킨

17. "누군가의 계획이나 조정에 따르지 마라. 거기서 너의 미래를 찾을 것이다."
   시튼

18. "링은 곧 인생, 나와의 싸움에서 지는 게 두렵다."
   김민수/k-1 파이터

19. "이 세상에서 너를 도와줄 사람은 없다. 적이 언덕을 넘기 전에 물리쳐라."
   아파치 최후의 전사 제로니모

20. "더러운 공장에서는 더러운 제품이 나온다. 80%를 청소하라."
   마스다 마쓰히로

21. "잡초를 한 번에 다 뽑기는 힘들다. 한 번에 하나씩 뽑아내라."
   벤자민 프랭클린

22. "고민이 당신을 좀먹게 하지 말라. 고민에 스탑 로스를 걸어라."
   데일 카네기

23. "무조건 재미있어야 살아남는다."
   닌텐도 게임기

24. "단 하나라도, 나만의 신선한 마술을 만들어라."
   노병욱/최연소 여자 프로마술사

25. "좋아하는 일을 어떻게든 시작하라. 성공한 당신의 모습을 상상하라."
　　　　　　　　　　　　　　　　　　　　　　　마크 앨런

26. "일단 한 번 병과 싸워 이기면 어떤 강력한 병균과 싸워도 이길 수 있다."
　　　　　　　　　　　　　　　　　　　　　　　에드워드 제너

27. "마음속에 정해둔 복잡한 절차를 생략하라. 그냥 천재인 척 살아라."
　　　　　　　　　　　　　　　　　　　　　　　모차르트, 베토벤

28. "스스로 특별하다고 말할 때 특별해질 수 있다."　　제나라 환공

29. "획기적인 아이디어는 일반적인 상식에서 시작된다."　　딕슨

30. "영감은 자주, 짧고, 쉽게 찾아온다."　　　　　　　　　헨델

31. "지금 고정된 삶에 최초의 어떤 것을 더하라."
　　　　　　　　　　　　　　　　　우재현/국립무용단 수석무용수

매일매일 가슴뛰는 삶
터치

초판 1쇄 인쇄 2009년 1월 15일
초판 1쇄 발행 2009년 1월 18일

지은이 | 우友동動, 최정희
펴낸이 | 임채성
펴낸곳 | 왕의서재
기획·마케팅 | 변선욱
디자인 | 디자인 포름

등록 | 2008년 7월 25일 제313-2008-120호
주소 | 서울특별시 마포구 합정동 205-7 서림빌딩 7층
전화 | 02-3142-8004   팩스 | 02-3142-8011
이메일 | kinglibrary@naver.com   카페 | http://cafe.naver.com/kinglibrary

ISBN 978-89-961483-3-3 03320

값 11,200원

*잘못된 책은 바꿔드립니다.